Ich möchte, dass dies Dein Lieblingsbackbuch wird

be
INSPIRED
by cookies

backen
mit
Love
100%
handmade
and with ♥
Rezepte
aus dem
rosa Haus

get ready for baking at the

PINK HOUSE

Pop up Tearoom
Guestbook
backen
mit LOVE
andrea
stolzenberger

der Inhalt dieses Buches

charming vintage feel

früh~ling

Valentinstag 9
Ostern 23
Teeparty als Geburtstagsfest 35

cookie kitchen

som~mer

BBQ & a Movie 45
Icecream Parlour 47
Afternoon Tea 73
Crafty Sunday 85
Happy Birthday (to me) 97

birthday candles

her-bst

Marktprodukte 103
Pie Party 115
Photoshoot mit Nachbars Wagen 125
Taufe 132

something to make

WEIHNACHTEN

St. Martinsumzug 136
Unser Weihnachtsmarkt 141
Ugly Sweater Party 153
Weihnachten im Danröschen 157
Pizza From Santa 175
Cookie Crafting 181
PopUp Tearoom Weihnachten 189
Das Ungetüm 201

HUBBY TESTED RECIPES
hello
my
name is
16, Rue A. Legros, Fécamp

Hallo!

Mein Name ist Andrea und ich backe sehr gerne Kuchen. Ich lebe mit meinem Mann in einem rosa Haus. Außer Backen mag ich Dinge im Haus dekorieren. Mit ein paar Ideen und etwas "crafty" Handarbeit sieht dann alles hübsch aus. In diesem Buch habe ich für Dich etwa ein Jahr im rosa Haus festgehalten. Ich hoffe, es inspiriert Dich zu eigenen Back- und Deko-Ideen. Probier's einfach aus. Du bekommst das hin.

Viel Spaß dabei.

andrea

PS:
Meine Temperatur- und Zeitangaben in den Rezepten beziehen sich alle auf einen Ofen mit Ober- und Unterhitze.

Besuch doch mal meinen Blog www.cutecottageoverload.de oder folge mir auf Instagram @cutecottageoverload

To my Valentine

happy VALENTINES DAY to you

Ich liebe den 14.2. und erinnere meinen Mann schon Wochen vorher daran. Er vergisst es sonst, das darf natürlich nicht sein.

S. 10

Victorian LIFE CAKES

kleine Gewürzküchlein

Ja, diese kleinen Rührkuchenherzen heißen wirklich so. Während der victorianischen Zeit waren diese Herzen wohl das übliche Valentinstaggeschenk.

Das Backblech mit den Herzausbuchtungen habe ich in England gefunden. Du kannst den Teig natürlich in jeder beliebigen Form backen, wenn gerade keine Herzen zur Stelle sind.

Zutaten:

225g Butter

170g dunkler / brauner Zucker

1 Ei

340g Mehl

1 Tl. Backpulver

1/2 Tl. Salz

1 Tl. Nelken

2 Tl. Zimt

2 Tl. Ingwer Pulver

Puderzucker zum Bestäuben

Butter und Zucker zusammenrühren, das Ei dazutun. Nun alle anderen trockenen Zutaten darunter mischen. So lange rühren, bis ein glatter Teig entsteht. Bei mir war der Teig so weich, dass ich ihn noch 30 Min. im Kühlschrank gekühlt habe. Nun entweder in Formen drücken oder den Teig ausrollen und ausstechen. Danach noch mal 30 Min. kühlen. Im vorgeheizten Ofen bei 180 Grad C etwa 10-15 Min. (je nach Größe) backen, bis die Herzen braun sind. Danach mit Puderzucker bestäuben. Das sieht auch wie auf dem Foto gut aus, wenn man dafür eine Schablone verwendet.

s. 12

OATMEAL SQUARES

vegan
glutenfrei

Haferflocken Ecken

Ich war in London und habe dort auf dem Spitalfield Market diese veganen und glutenfreien Ecken entdeckt. Ich mag sie ganz arg und hab sie für Dich gleich mal nachgebacken.

Für den Teig:

280g **Haferflocken** glutenfrei
130g **SONNENBLUMENKERNE**
1/4 TL SALZ
70g **Kokosöl**
180g Ahornsirup
3 EL **Erdnussbutter**

Für die Füllung:

400 G Himbeer- oder Blaubeermarmelade

Die Haferflocken/Sonnenblumenkerne/Salz in einen „Food Processor" geben und einige Minuten laufen lassen, bis die Flocken und Kerne klein gehackt sind. Öl/Sirup/Erdnussbutter in einem Topf erhitzen und zu der Masse geben. „Food Processor" nochmal für ein paar Minuten anschalten, bis Du einen Teig hast. Davon ca. 180g für die Streusel wegnehmen, den Rest in eine 20 x 20 cm Backform geben und mit einem Löffel fest andrücken. Den Boden bei 180 Grad C 10 Min. vorbacken. Marmelade und dicke Streusel drüber verteilen und nochmal 15 Min. fertig backen.

XOXO

Caramel
Apple

s. 15

Lemon drizzle cake

Zitronen Kuchen (mit extra Zitronensaft beträufelt)

Diesen Kuchen beträufle ich nach dem Backen nochmal mit Zitronensirup, deshalb schmeckt der so toll saftig sauer (ich mach das sogar 2 Mal, für extra saftig + extra sauer, hihi…). Du kannst ihn in einer Kastenform oder auch in einer 20 cm runden Springform backen.

Zutaten:

225G Butter
225g ZUCKER
SCHALE & Saft von 2 Zitronen
4 Eier
200G Mehl
2 Tl. Backpulver
50g MANDELN gemahlen
1 El Mohn (wenn Du magst)

Sirup:

50G Puderzucker
50g ZITRONENSAFT
miteinander verrühren

Icing:

250g PUDERZUCKER
1-2 El Zitronensaft
miteinander verrühren

Butter und Zucker zusammenrühren. Die Zitronenschale und Eier einrühren. Das Mehl mit dem Backpulver unterrühren, Mandeln dazugeben. Zum Schluß den Saft von 2 Zitronen einrühren. Den Teig in eine 23 x 13 cm Kastenform füllen. Im vorgeheizten Ofen bei 180 Grad C 1 Stunde backen. 5 Min abkühlen lassen und mit dem Sirup bepinseln. Nach dem Abkühlen aus der Form nehmen und mit dem Icing bestreichen, evtl. Zitronenschale drüber streuen.

No.

Date

Coffee & walnut cake

Kaffee & Walnusskuchen

Der Kuchen ist nicht nur was für Kaffeeliebhaber. Eigentlich trinke ich viel lieber Tee, aber den Kuchen finde ich trotzdem super. Wann immer ich einen Kuchen für einen Mann backen muss, nehme ich dieses Rezept. Wahrscheinlich weil ich immer denke, dass Männer Kaffee gerne mögen! Aber er kam immer sehr gut an!

S. 18

No.

Date

Für den Teig:

350G Butter

350g ZUCKER

7 Eier

350g **Mehl**

2 1/2 TL. Backpulver

24g **Instant Espressopulver**
(in 3 El. heißem Wasser gelöst)

80G gehackte Walnüsse (für den Teig)

Alle Zutaten in der Küchenmaschine zusammenrühren, in 2 Springformen (20cm) verteilen und bei 180 Grad C 30 Min. backen.

Kaffee Buttercreme:

400g BUTTER

475G Puderzucker

24g Instant Espressopulver
(in 3 El. heißem Wasser gelöst)

120ml **Sahne**

50g GEHACKTE **Walnüsse**
(zur Deko obendrauf)

Butter und Puderzucker zusammen einige Minuten aufschlagen. Dann Kaffee und Sahne dazugeben und nochmal verrühren.

Wenn die Böden in der Mitte zu stark aufgegangen sind, müssen sie nach dem Backen mit einem Messer begradigt werden.

Die Hälfte der Buttercreme auf einen Boden verteilen und den 2. Boden verkehrt herum darauf legen (gibt eine schönere Kante). Die restliche Buttercreme auf dem oberen Boden verteilen. Ganz einfach geht das, wenn Du die Buttercreme in einen Spritzbeutel füllst, sie spiralförmig aufspritzt und dann mit einem Messer glatt streichst. Dann Walnüsse darauf verteilen.

Käsekuchen
mit Mohn

Das ist so ein typisch deutscher Käsekuchen, nicht mit Frischkäse, sondern mit Quark. Die zusätzliche Lage innendrin mit Mohn macht ihn noch interessanter. Allerdings musst Du die Mohnfüllung auch extra vorkochen, ist also ein bisschen aufwändig. Ich habe übrigens den Fehler gemacht, den Kuchen über Nacht in der Springform auf dem Backpapier abkühlen zu lassen. Ahhhh ... keine gute Idee! Der Kuchen ist so feucht durch den Quark, dass ich ihn nicht mehr vom Papier runter bekommen habe. Also doch besser auf ein Gitter ziehen und mit Alufolie abdecken.

Mürbeteig:

- 120g **Stärkemehl**
- 200g Mehl
- 1/2 Tl. **Backpulver**
- 1/2 **Tl. Salz**
- 1 Ei + 1 EIGELB
- 150G **kalte Butter**
- 120G Puderzucker

Alles zu einem Teig kneten und eine Stunde kühl stellen.

I love my
KITCHEN

Mohnmasse:

450ml Milch
90g Mohn trocken
50g Butter
75g Zucker
50g Hartweizengrieß

Milch mit Mohn, Butter und Zucker aufkochen. Grieß einrühren + 2 Min. einkochen. Die Masse muss richtig dick werden!

28 cm Springform mit dem Mürbeteig auslegen. Einen Rand formen und andrücken. Den Boden mit einer Gabel einstechen + Teig noch mal kühlen.

Quarkfüllung:

200g Zucker
100g Mehl
1 Tl. Vanille Extrakt
100ml Milch
5 Eier getrennt
800g Magerquark
Schale von 1 Zitrone
250ml Sahne

Zucker mit Mehl, Vanille Extrakt, Milch + Eigelb verrühren. Quark und Zitronenschale unterrühren. Eiweiß + Sahne musst Du getrennt jeweils steif schlagen. Beides unter die Quarkmasse heben.

Die Mohnmasse auf dem Teigboden verteilen. Dann darüber die Quarkmasse einfüllen. Den Kuchen im vorgeheizten Ofen bei 180 Grad C 50-60 Min. backen.

BUNNY *side up*

Frohe Ostern

YUMMIE CHALLAH BREAD

Challah (wird hallah ausgesprochen) ist ein jüdisches Brot. Traditionell wird es jeden Freitag gebacken. Es ist sooo vielseitig! Du kannst daraus French Toast, aber auch ein Grilled Cheese Sandwich machen.

Aus den insgesamt 1 kg Mehl wird am Ende ein Riesenbrot. Das nimmt den ganzen Backofen ein. Meistens backe ich lieber 3 kleine Zöpfe.

Du kannst das Challah gut einfrieren. Ich verschenke auch gerne einen Zopf als Mitbringsel an Freunde.

Zutaten:

1KG Mehl
14G Trockenhefe
400g Wasser
2 Eier
100g Honig
(Ahorn- oder Agavensirup geht auch)
15g SALZ
75G Pflanzenöl

Alle Zutaten in die Schüssel deiner Küchenmaschine geben und mindestens 5 Minuten kneten lassen.

Obendrauf:

1 Ei
1 EL. Wasser

PRISE Salz

oder Körner nach Deinem Geschmack (Mohn, Sesam etc.)

S. 25

Den Teig abgedeckt 1 Stunde gehen lassen. Danach kannst Du ihn für ein „Riesenbrot" in 3 gleich große Stücke teilen. Wenn Du lieber 3 Zöpfe backen möchtest, teile ihn in 9 Stücke. Um das genau zu machen, benutze ich die Küchenwaage. Aus jedem Teigstück eine lange Rolle formen. Damit die nicht zusammenbacken, kannst Du jede Rolle mit etwas Mehl bestäuben. Wenn Du magst, jetzt die Teigrolle in warmes Wasser tunken und danach in einer Schüssel mit Sesam, Mohn, Leinsamen etc. wälzen. Ich forme die Rollen am Ende spitz und in der Mitte lasse ich sie dicker. Dann wird der Zopf extra schön! Jetzt ganz normal flechten. Lasse die geformten Zöpfe nochmal 40 Min. gehen. Wenn Du keine Körner für obendrauf verwendest, mit einem Ei-Wassergemisch einpinseln. Im vorgeheizten Ofen bei 200 Grad C 30 Minuten backen.

S. 26

French Toast

ARMER RITTER

Das Challah Bread ist perfekt dafür. Bei mir kann eine „Scheibe" davon für French Toast bis zu 5 cm dick sein. Probier selbst, wie Du es am liebsten magst.

Für 5 Portionen:

4 EIER
125ml MILCH
1 Prise Zimt
1 EL. Zucker

Das ist Deine Eimasse. Wende die Scheibe darin, bis sie sich richtig vollgesogen hat. Dann in einer Pfanne mit etwas Fett ausbraten.

Wenn ich viele Gäste habe, lege ich die getunkten Scheiben auch schon mal in eine Auflaufform. „On Top" kannst Du auch noch ein paar Früchte legen (sieht gut aus). Im Ofen dann ca. 30 Min. bei 180 Grad C backen. Ahornsirup beim Servieren nicht vergessen.

KEKSE

mit Mini Eggs oder M&Ms

Ich habe die Mini Eggs an Ostern zuerst im englischen und dann im holländischen Supermarkt entdeckt. Mittlerweile kannst Du sie auch in gut sortierten deutschen Supermärkten finden (das ist dann wirklich wie ne richtige Eiersuche...). Wenn Du gar keine bekommen kannst, nimm einfach M&M's. Die gibt's das ganze Jahr über.

S. 28

happy easter!

MAIN STREET MARKET
THE HOME OF QUALITY
CENTERVILLE, IOWA

Phones 393 or 92 Date 195

Mr. and Mrs.

Reg. No. Clerk Account Forwarded

Die Mini Eggs oder M&Ms zerkleinere ich immer mit dem dicken hölzernen Griff eines ganz großen Messers. Dann sehen die so richtig schön "gecrushed" aus.

2

Observaciones

Zutaten:

- 125G Butter
- 100g brauner Zucker
- 75g WEISSER ZUCKER
- 1 Ei
- 1 TL. Vanille Extrakt
- 300g MEHL
- 1 1/2 TL. Backpulver
- 1/2 TL Natron
- 1/2 TL SALZ
- 100g Schoko Tropfen VOLLMILCH ODER ZARTBITTER
- 200g Mini Eggs oder M&Ms zerkleinert
- 50G Mini Eggs oder M&Ms (ganz als Deko)

N.°

Residencia

Alle Zutaten in der Küchenmaschine nacheinander zusammenmixen (bis auf die ganzen Mini Eggs). Danach den Teig zu 8 Kugeln formen (ich will grosse Kekse, Du kannst natürlich auch kleinere machen).

Dann kannst Du die ganzen Mini Eggs obendrauf verteilen und reindrücken. Die Kekse müssen nun für 1 Stunde in den Kühlschrank. Mit genügend Abstand auf 2 Backbleche setzen. Bei 200 Grad C im vorgeheizten Ofen ca. 12-14 Minuten backen. Nach dem Backen noch 30 Min auskühlen lassen, die brechen sonst.

Rezept für Kekse
auf S. 185

Royal Icing:

1 Eiweiß
ca. 200g
Puderzucker

Anna's bester Eierlikörkuchen

Meine Freundin Anna backt neuerdings nicht nur Hochzeitstorten, sondern hat mit diesem "unglaublichen" Eierlikörkuchen begonnen. Und irgendwie immer, wenn wir telefonieren, macht sie diesen Kuchen. Anna steht nicht so sehr auf "Vintage"-Design, daher versuche ich die nächsten Seiten etwas mehr in ihrem Stil zu gestalten. Da ich Eierlikör schon seit Jahren immer selber mache, haben wir uns bei ihr zu Hause zum Backen verabredet. Ich mit dem selbst gemachten Eierlikör unterm Arm + die Anna mit den übrigen Kuchenzutaten und einer neuen Chrysanthemen Backform. Du kannst den Teig natürlich auch in einer Guglhupfform oder auch jeder anderen Backform backen. Der gelingt immer.

Zutaten:

6 Eier

250g PUDERZUCKER

2 TL. Vanille Extrakt

300 ml Pflanzenöl

300 ML Eierlikör es geht natürlich auch gekaufter

150g MEHL
150G Stärke
12g Backpulver
1 PRISE Salz
} trockene Zutaten

Der Kuchen wird nach dem Backen mit einer Mischung aus Eierlikör und Rum getränkt und danach mit Puderzucker bestäubt.

160ML Eierlikör

160 ml RUM

Puderzucker

Für den Teig die Eier mit dem Puderzucker + Vanille auf hoher Stufe verrühren. Danach Öl, Eierlikör dazugeben. Zum Schluss die trockenen Zutaten unterheben.

Danach den Teig in eine Backform füllen. Ich benutze auch gerne das Backblech mit den kleinen Gugelhupf-formen. Das kannst Du auch gut dafür verwenden. In die Löcher in der Mitte kannst Du dann zum Servieren noch einen extra Schuss Eierlikör reinlöffeln. Bei 180 Grad C entweder 60 Min. (große Backform) oder 25 Min. (kleine Gugelhupfe) backen.

Nach dem Backen musst Du schon 15 Min. warten, bis Du den Kuchen aus der Form lösen kannst. Nun den Kuchen mit Eierlikör/Rum Mischung tränken. Nimm am besten einen Pinsel dafür. Vor dem Servieren etwas Puderzucker darüber stäuben und natürlich ein Klecks Eierlikör, hmmm.

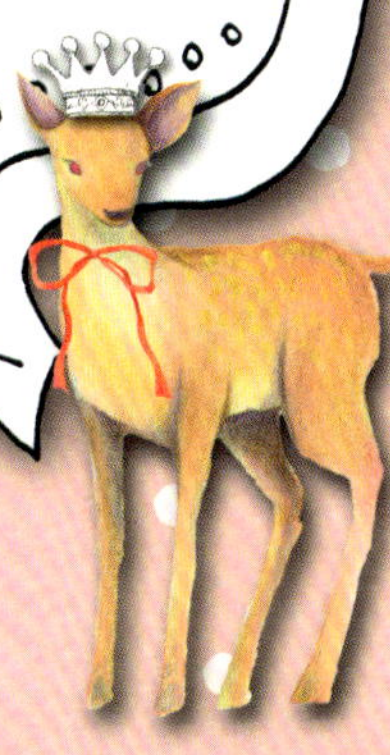

S. 34

Eierlikör:

alles zusammenmischen

1 Dose **Kondensmilch** gezuckert (ca. 400g)

250g Puderzucker

8-10 **Eigelb**

1 Vanille Schote
Mark ausgekratzt

125 ml. **VODKA**

1 El. RUM (54 %)

SILVIA'S + GUIDO'S TEA PARTY

SPECIAL GUEST

Als die Silvia mich anrief, um zu fragen, ob ich nicht einen Afternoon Tea bei ihr Zuhause machen kann (so mit Deko + allem drum & dran), war ich Feuer + Flamme. So für 6-8 Freundinnen, kein Problem für mich. Etwa eine Woche später hat sie dann doch noch ein paar weitere Personen nachgemeldet, zu dem Zeitpunkt waren wir bei 20. Und noch ne Woche später hat mir eine kleinlaute Silvia dann gebeichtet, dass wir mittlerweile bei über 30 Personen angekommen waren. Alles kein Problem. Das bedeutete nur a.) viel Kuchen für's Buffet und b.) die gemieteten Bierbank-garnituren mussten mal wieder durch gemalte Tischsets hübsch gemacht werden. Wir hatten Glück + es war super Wetter und alles konnte im Garten stattfinden. Perfekt.

S. 36

RHABARBER CRUMBLE

1

Das super Praktische an dem Rhabarberstreusel ist: Du kannst den schon Stunden vorher zubereiten.
Wenn Du ihn dann fertig brauchst, musst Du die Schalen nur noch in den Ofen schieben + ne halbe Stunde warten - fertig!
Ich mache auch oft die Streusel schon 2 Tage vorher fertig und stelle sie in den Kühlschrank. Das macht denen gar nichts aus. Am besten gefällt mir, wenn beim Backen die Flüssigkeit zwischen den Streuseln hochbrodelt. Das ist auch das Zeichen, dass der Crumble fertig ist.

Zutaten für ca. 6 Schalen:

1 KG Rhabarber
4 El. Orangensaft
1 Tl. Vanille Extrakt

Streusel:

125g brauner Zucker
100G Mehl
75g GROBE Haferflocken
1 TL. Zimt
1 Prise Salz
125g WEICHE BUTTER

№ 1

Ich mische auch gerne Rhabarber mit Erdbeeren. So im Verhältnis 70:30. Du kannst natürlich auch jedes andere Obst dafür verwenden. Den Rhabarber kannst Du roh verwenden. Ich teile dicke Stangen noch mal, um kleine Stücke zu bekommen.

Mit dem Orangensaft und dem Vanille Extrakt mischen und in 6 kleine ofenfeste Formen geben. Diese buttere ich vorher immer aus. Nun alle Zutaten für die Streusel mischen. Wenn ich den Crumble zur Weihnachtszeit mit gefrorenem Rhabarber mache, gebe ich immer gleich einen El. Zimt an die Streusel. Dann auf alle 6 Förmchen verteilen. Gerne etwas auftürmen, weil sie beim Backen etwas zusammenfallen. Bei 180 Grad C 30 Min. goldbraun backen. Für den Genießer mit Vanille Eis noch heiß servieren.

s. 38

2 NEW YORK CHEESE CAKE

Es gibt ja viele verschiedene Varianten von Käsekuchen, diese hier ist die amerikanische, bei der die Füllung mit Frischkäse + nicht mit Quark gemacht wird. Schmeckt total anders, ist sehr lecker! Du kannst den Cheesecake mit oder ohne Topping obendrauf machen. Meine Erfahrung ist aber immer: Mit Topping kommt der sehr gut an.

Für den Biskuitboden:

- 3 Eier getrennt
- 70g Zucker
- 1 Tl. Vanille Extrakt
- 1 Tl. Zitronenschale gerieben
- 35G Mehl 30G Stärke
- 1 Tl. Backpulver
- 1 prise Salz
- 45g Butter zerlassen
- 25g Zucker für das Eiweiß

Du musst die Eigelbe mit dem Zucker aufschlagen, bis die Masse hellgelb ist. Danach Vanille und Zitrone untermischen. Nun Mehl, Stärke, Backpulver und Salz darunter heben und mit dem Schneebesen unterrühren. Die zerlassene Butter dazugeben. Zum Schluss die Eiweiße steif schlagen, Zucker hineinrieseln lassen. Alles unterheben.

No.

Diesen Biskuit Teig in eine 26 cm Springform löffeln und bei 180 Grad C 10 Min. backen - nicht länger !

Füllung:

- 900G Frischkäse
- 320g Zucker
- 30G Stärke
- 1 TL. Vanille Extrakt
- 2 EIER
- 175ml Sahne

Topping:

- gefrorene 340G Blaubeeren
- 1 EL. Stärke
- 50G Zucker
- geriebene Schale 1 ZITRONE

No 2

Den Frischkäse und Zucker mit der Hand verrühren. Danach die Stärke, Vanille und Eier dazugeben. Zum Schluss die Sahne. Diese Käsemasse auf den vorgebackenen Boden geben und bei gleicher Temperatur 60 Min. backen. Wenn Du ein Topping machen willst: Alle Zutaten mit 1 El. Saft in einem Topf 1-2 Min. aufkochen + über dem Kuchen verteilen.

APFEL KÜCHLEIN

+ zimt
+ zucker

Wenn Du kein Backblech mit Guglhupf Vertiefungen hast, kannst Du den Teig natürlich in jeder beliebigen Backform backen. Jedoch: Diese kleinen Guglhupfe sind so praktisch! Ich backe die auch gerne zum Mitbringen oder für's Picknick. Nach dem Backen werden die in einer Zucker-Zimt Mischung gewälzt. Ich fülle dann den Zimtzucker gleich in eine flache Blechdose, wälze die Guglhupfe darin und nehme dann die ganze Dose so mit zur Party. Das sieht super aus und die bleiben ja dann auch immer schön frisch in der Dose.

WELCOME
to my garden

s. 42

Zutaten:

- 250 g Butter
- 175 g brauner Zucker
- 125 ml Ahornsirup
- 4 Eier
- 375 g Mehl
- 1,5 Tl. Backpulver
- 2 Tl. Zimt
- 6 Äpfel geschält geraspelt
- 1 El. Zimt } zum wälzen
- 220 g Zucker } zum wälzen

No 3

Butter mit Zucker, Ahornsirup und Eiern verrühren. Danach das Mehl mit dem Backpulver + Zimt dazugeben. Zum Schluss die geraspelten Äpfel unterheben. Die Guglhupfbackform sprühe ich entweder mit Backspray ein oder ich pinsel sie supergründlich mit weicher Butter ein. Wenn Du den Teig in die Förmchen gefüllt hast, müssen die Guglhupfe ca. 20-25 Min. bei 180 Grad C backen. Danach sofort aus der Form stürzen und in der Zucker- und Zimtmischung wälzen.

kekse als teebeutel

Für einen Afternoon Tea fand ich die Idee mit den Teebeutel ‚geshapten' Keksen ganz toll. Als Etikett konnte ich nochmals Silvias und Guidos Namen einsetzen. Die Kekse habe ich dann überall auf dem Kuchenbuffet und den Tischen verteilt. Für die Kekse habe ich mein Standardrezept (S. 185) verwendet (die mit dem Lochmuster). Da der Teig ja gekühlt wird vor dem Ausstechen, kannst Du mit dem Messer ganz klare Linien schneiden. Vergiss nicht vor dem Backen mit einem Zahnstocher ein Loch reinzustechen, wo nachher die Schnur durchkommt. Ich habe die „Teebeutelkekse" dann noch in Schokolade getunkt, um sie wie „nass" aussehen zu lassen, noch echter halt. Für die Etiketten brauchst Du einen Motivstanzer („Puncher"). Ich habe gleich auf Klebeetiketten A4 gedruckt, damit die ausgestanzten Etiketten nur noch abgezogen und zusammengeklebt werden mussten.

BARBECUE *and a movie*

Midsummer Magic BBQ & a Movie

Am Wochenende im Sommer grillt ja jeder gerne. Damit das Ganze noch ein bisschen lustiger wird, habe ich mir das Thema "Barbecue & a Movie" überlegt. Dazu brauchst Du nur 'ne alte Dia Leinwand und einen Beamer. Meistens zeige ich alte Fernseh-serien wie "Mit Schirm, Charme und Melone". Der Kuchen steht unter dem Motto "nicht aufwändig, viel Frucht und lecker".

S. 46

GALETTE MIT OBST

Teig:

220G Mehl
60g MAISMEHL
1 Tl. Salz
1 Tl. Zucker
230G kalte Butter
60-100ml KALTES Wasser

Aus den Zutaten einen Teig herstellen (reicht für 2 Galetten). Danach kühlen. Nach 30 Min. kannst Du den Teig ausrollen (ca. 3-4 mm dick). Das Obst in der Mitte darauf verteilen, am Rand 5 cm Platz lassen. Den Rand nach innen umklappen, mit etwas Milch bestreichen und mit Zucker bestreuen.

Belag:

700G Obst nach Wahl geschält + klein geschnitten
70g Zucker (140g bei Rhabarber)
1 El. ZITRONENSAFT
1/4 Tl. SALZ
1 El. Stärkemehl

reicht für 1 Galette, alles mischen

bei 180 Grad 50 Min.

Warm servieren!

Helen's Ice Cream Parlour
Lecker
Eis
Vanille
Schoko
Erdbeere

helens Kommunion

Der Auftrag war, an Helens Kommunion ein Kuchenbuffet für den Zeitraum zwischen Kirche und Beginn des Essens zu machen. Es sollte im Stehen angeboten werden und man musste alle Sachen auch ohne Teller essen können. Für mich war klar, dass es auf keinen Fall langweilig sein durfte + es musste natürlich zu einem Mädchen passen. Da lag die Idee mit dem Eiscreme Stand nahe. Den zu bauen, war allerdings schon wieder schwieriger. Und dann mussten natürlich noch Sachen erfunden werden, die alle wie Eiscreme aussehen, aber nicht wegschmelzen. Die Eiskugeln in Waffeln und die Eisbecher erkläre ich gleich, wie Du die machen kannst. Die Eislollies sind aus farbiger geschmolzener Schokolade.

Information

eis in waffel

Die Waffeln kannst Du eventuell von deiner Eisdiele „abschwatzen". Für die „Eiskugel" verwendest Du einen speziellen Teig auf Rührkuchenbasis, der zerbröselt und durch ein Icing gut formbar gemacht wird. Nach dem Abkühlen (ca. 30 Min.) setzt Du eine Kugel in die Waffel und tunkst sie in geschmolzene Schokolade. Farbe nach Wahl. Dann sofort Zuckerstreusel drauf + dunkle Schoki als „Soße".

Als „Kirsche" ein M&M.

Wichtig: Zum optimalen Trocknen habe ich Löcher für die Waffeln in eine Styropor Platte gebohrt.

s. 50

Rührkuchen:

240g BUTTER
450g **Zucker**
4 Eier
2 TL VANILLE EXTRAKT
360g **Mehl**
2 TL. Backpulver
1/2 Tl. Salz
240 ML Milch

Butter und Zucker 5 Min. rühren. Danach Eier und Vanille zugeben. Das Mehl mit dem Backpulver + Salz abwechselnd mit der Milch dazugeben. Am besten backst Du den Kuchen in einer flachen, eckigen Form (z.B. 23 x 34 cm). So benötigt er bei 180 Grad C nur ca. 40 Min. In einer Kastenform braucht er ca. 60 Min. Vor dem Zerbröseln gut auskühlen lassen. Der Teig ergibt etwa 20 Eiskugeln.

Vanilla Frosting:

200G Butter
1 TL **Vanille Extrakt**
330g PUDERZUCKER

alles mit dem Handrührer vermischen

Schneide vom gebackenen Kuchen die ganze braune Kruste weg, bevor Du ihn kleinbröselst! Sonst hast Du später braune Flecken in hellen Kugeln. Das Vanilla Frosting gut unter die Brösel kneten. Wenn Du nach dem Formen die Kugel mit der Schokolade überziehst, nimm einen Zahnstocher zur Unterstützung, damit die Kugel nicht rausfällt. Für solche farbigen Glasuren verwende ich oft eine Schokolade von Wilton, die heißt „Candy Melts". Die gibt es in allen Farben und Du kannst sie online bei vielen Versendern bestellen. Das Rezept und die Zutaten kannst du übrigens auch für „Cake Pops" verwenden. Das sind überzogene kleine Kuchenkugeln am Stiel. Vielleicht hast Du die ja auch schon mal irgendwo gesehen? Im Internet findest Du dazu sehr viele tolle Designs.

a place to gather

KITCHEN TABLE

Muffins mit Meringue

Das, was wie Sahne aussieht, ist Meringue, gebackener Eischnee mit Zucker!

Für die Muffins habe ich einfach mein Schokokuchenrezept von S. 108 genommen. Dies ergibt immer ca. 20 kleinere Muffins. Bei 180 Grad C brauchen die ca. 20 Min.

Zutaten für Meringue

4 Eiweiß

220g Zucker

1 TL Weißweinessig

obendrauf:

200g DUNKLE SCHOKI

1 TL. Sonnenblumenöl

Du musst das Eiweiß ganz steif schlagen. Danach den Zucker und den Essig dazugeben. Ich habe auf dem Backpapier kleine Kreise gezeichnet, die dem Umfang der Muffins entsprechen. Danach das Papier umdrehen, damit der Stift nicht beim Backen „abdrückt". Die Masse in eine Spritztülle füllen und innerhalb der Kreise spritzen. Bei 120 Grad C eine Stunde backen. Nach dem Abkühlen in die geschmolzene Schokolade (das Sonnenblumenöl macht die etwas flüssiger) tunken. Mit Zucker verzieren und mit Schokolade auf die Muffins kleben.

MACARONS

von Julia

Meine Freundin Julia hat Macarons schon in allen Farben hergestellt, da waren die in Deutschland noch gar nicht so richtig bekannt. Eingefüllt in praktische Schraubgläser und mit einer Schleife drauf, sehen die super aus und schmecken auch noch richtig gut. Wenn ich also ein Macaron Grundrezept in meinem Buch vorstellen will, dann auf zu Julia und ihr einen Besuch abstatten. Für mich war es auch das erste Mal, die Dinger herzustellen und eines ist ganz klar. Hier muss man wesentlich genauer arbeiten als bei meinen anderen Rezepten. Mit einer sehr genauen Waage, einem Zuckerthermometer, Spritztüten + Tüllen kann aber nichts schiefgehen.

julia's macarons

have a nice day

Zutaten:

Marzipan Teig:

100g Puderzucker gesiebt
100g Mandelmehl gesiebt
75g Eiweiß (2-3 Eier)

Zuckersirup:

100g Puderzucker
50 ml Wasser
75g Eiweiß (2-3 Eier)

Den Puderzucker und das Mandelmehl mischen. Das Eiweiß von Hand darunter rühren. Für den Zuckersirup den Puderzucker in Wasser mit Zuckerthermometer aufkochen, bei 118 Grad C von der Kochstelle nehmen. Eiweiß steif schlagen. In der Küchenmaschine den Zuckersirup in stetem Strom dazugeben und 10 Min. auf hoher Stufe „kalt" schlagen.

HELL
hi there!

Den Marzipanteig in die geschlagene Masse von Hand unterrühren. Wenn Du möchtest, kannst Du den Teig jetzt mit Lebensmittelfarbe einfärben. Die fertige Masse in einen Spritzbeutel füllen. Julia, der Profi, spritzt mit einem „Wilton Tip No. 12". Du kannst die Größe beim Spritzen super einhalten, wenn Du auf ein Backpapier vorher Kreise mit 4,5 cm Durchmesser malst (Backpapier dann umdrehen). 30 Min. ruhen lassen und dann bei 160 Grad C 8-10 Min. backen.

Füllung:

100g weiße SCHOKOLADE
50 ml Sahne ERHITZT
oder
100G Zartbitter Schokolade
100 ml SAHNE erhitzt

Erhitzen, bis Schokolade flüssig ist. Glatt rühren.

Julia rührt auch gerne für einen fruchtigen Geschmack der Füllung noch 1-2 El. Marmelade nach Wahl darunter. Zum Schluss Füllung aufspritzen und zusammendrücken.

bring out the BUNTING

In Köln gibts diese französische Bäckerei und die lockt mich immer mit ihrer Kreidetafel. Da stehen dann Sachen drauf wie: "Liège Waffeln" oder "Macarons", neulich war es der "Gateau Marbre". Aha! Ein Marmorkuchen muss heute mit (ist ja auch der Lieblingskuchen vom Mann).

chocolate

Tatsächlich hat er auch anders geschmeckt als der typisch deutsche. Ich musste also im Internet recherchieren, was die Franzosen anders machen. Nach 3x Testbacken, wurde dieses Rezept hier für am besten befunden. Zusätzlich habe ich dann einfach noch die Nuss Nougat Creme dazu gegeben. Der Kuchen schmeckt sagenhaft. Noch besser als in der französischen Bäckerei.

Finde ich zumindest.

Milk

s. 60

MAQUET, FLOT & ROY

COURS DE
Langue Française

Vanilleteig:

60G weiche Butter
150g ZUCKER
2g Vanille Extrakt
2g Salz
1 Ei (50g)
110g MEHL
3G Backpulver
100g Schlagsahne

Der Teig wird nicht in der üblichen Küchenmaschine gerührt, sondern im „Food Processor" gehackt. Mixe Butter/Zucker/Vanille und Salz zusammen. Ohne den „Food Processor" auszuschalten, gibst Du das Ei dazu. Nun kommt das Mehl mit dem Backpulver und zum Schluss die Sahne rein. Lasse die Maschine nur solange an, bis Du eine homogene Masse hast. Fülle den Teig nun in einen Spritzbeutel und bewahre ihn im Kühlschrank auf.

Schokoteig:

60g WEICHE BUTTER
150g ZUCKER
2g Salz
1 Ei (50g)
20G Kakao
100g MEHL
3g Backpulver
100g SCHLAGSAHNE

Die Zubereitung vom Schokoteig ist gleich wie beim Vanilleteig, nur dass hier auch noch Kakao dabei ist. Deine Kastenform sollte eine 24 oder 26 cm Kantenlänge haben. Schneide die Öffnung der Spritztüten für ein 1,5 cm Loch ab. Die Teigmasse wird nun abwechselnd der Länge nach in die Form gespritzt (hell/dunkel/hell...). Danach kannst Du die Kastenform noch ein paarmal hart auf Deine Arbeitsplatte schlagen. Dies verhindert Luftblasen zwischen den Lagen. Nun wird eine 2 mm dicke Butterlinie mittig über die gesamte Länge vom Kuchen aufgespritzt (mit der Butterlinie markierst Du die Stelle, an der der Kuchen beim Backen aufgehen wird). Den Kuchen dann im vorg. Ofen bei 150 Grad C 90 Min. backen.

Sirup:

130g Wasser
30g Zucker
8g Rum

FROGET-MARTIN
PANISSIÈRES (Loire)

Wasser mit Zucker in einem Topf aufkochen. Herd ausschalten und den Rum zugeben. Wenn der Kuchen fertig gebacken ist, 5 Min abkühlen lassen, aus der Form lösen, und mit dem Sirup einpinseln. Vor dem Glasieren am besten in den Kühlschrank stellen.

Glasur:

400g Zartbitter Schokolade
130g Sonnenblumen- oder Kokosöl

Schokolade im Topf schmelzen ohne über 45 Grad C zu kommen, Öl einrühren. Den kalten Kuchen rundherum mit der Glasur bepinseln.

Für die Nuss Nougat Füllung auf dem Foto, habe ich den glasierten Kuchen mit einem spitzen Messer keilförmig der Länge nach eingeschnitten, den Keil herausgehoben, und den Kuchen mit einigen Esslöffeln Creme bestrichen und den Keil wieder eingesetzt.

S. 62
CUTE COTTAGE
overload
Are you Ready??
DE
mix it with LOVE
ZIMT
KIRSCHEN yum
Mehl
YUM
Backen mit LOVE
Honig
Rezept
yummy
CRUMBLE
So good
Sweet

MAGIC BARS

Magische Schnittchen

Der Mann und ich machen ja sehr gerne Urlaub in den USA. Dabei besuche ich immer auch die Farmers Markets, weil da ja die selbstgemachten Kuchen und vieles andere direkt von wackeligem Tischen oder aus dem Auto heraus verkauft werden. Bei einem "Bake Sale" haben dann diese Schnittchen haushoch gewonnen! Glücklicherweise gab es das Rezept in einem zerfledderten Heftchen gleich mit dazu. Und weil die so lecker sind, kannst Du sie jetzt auch nachbacken. Die Magic Bars direkt aus Delray Beach!

Boden:

- 230G Mehl
- 1/2 TL SALZ
- 65g Zucker
- 200g kalte Butterwürfel

what ever

Die ersten 3 Zutaten in den „Food Processor" geben und zusammenmixen. Danach die kalte Butter in Würfeln dazu, nur solange mixen, bis Du dicke Streusel hast. Alternativ kannst Du die Zutaten natürlich auch von Hand in einer Schüssel zu Streuseln mixen. Die Streusel in eine 23 x 33 cm Form geben und flach drücken. Im vorgeheizten Ofen bei 180 Grad C 15-20 Min. goldgelb backen.

Sommer

Obendrauf:

120g WEICHE BUTTER
100g ZUCKER
150g brauner Zucker
1/4 Tl. Salz
1 1/2 TL. Vanille Extrakt
100g ZARTE HAFERFLOCKEN
50g Kokosraspel
3 EIER
120G Schokotropfen (zartbitter)
2 Riegel TWIX (4 einzelne "Twix-Finger" in Stücke schneiden)

(Du kannst jeden Schokoriegel nehmen, den Du magst, oder getrocknetes Obst oder weiße Schoki)

Die Butter wird in einem schweren Topf auf dem Herd gebräunt, dadurch bekommt sie einen nussigen Geschmack. Bei ständigem Rühren jetzt auf mittlerer Hitze solange köcheln lassen, bis Du braune Stückchen am Boden hast. 5 Min. etwas abkühlen lassen und Zucker/Salz/Vanille/Haferflocken & Kokos darunter rühren. Dann die Eier einzeln dazugeben. Zum Schluss die Schoki und Twixstücke. Die Masse auf dem abgekühlten Boden verteilen im vorgeheitzten Ofen bei 180 Grad C weitere 15-20 Min. backen. Die Oberfläche sollte gebräunt sein. Die Schnittchen sind im warmen Zustand ganz schlecht zu schneiden. Lass sie Abkühlen, auch wenn es schwer fällt.

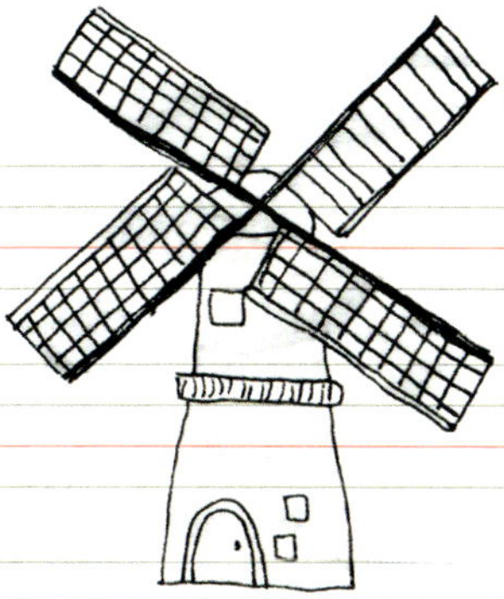

holländische
Appeltaart

Ein beliebtes Ziel als Ausflug am Wochenende ist immer Holland. Auch Sonntags haben dort viele Läden geöffnet und es gibt auch einige Antiquitäten Stores, wo ich immer was finden kann.

Nebenbei halte ich immer Ausschau nach Cafés und probiere mich durch alle Sorten Appeltaart durch. Einen der besten habe ich in Amsterdam gefunden. Die freundliche Dame hat mir sogar ein paar richtig gute Tipps verraten.

s. 66

Teig:

2 Eier
500g MEHL
1,5 Tl. Backpulver
300g kalte Butter
175G brauner Zucker
1 PRISE SALZ
SCHALE 1 Zitrone gerieben

Hier der Tipp No. 1: Nehme den dunkelbraunen holländischen Zucker, falls Du ihn besorgen kannst. Der ist ein dunkler Rohrzucker und er heißt „Donkere Basterdsuiker". Er ist fein und feucht in der Tüte und schmeckt für die Appeltaart besser als der deutsche braune Zucker.

Aus den Zutaten einen Teig machen. Am besten in einer Küchenmaschine mit „Pulse"-Taste. Danach kühlen und mit ca. 3/4 vom Teig eine 24 cm Springform auskleiden. Auch einen Rand formen.

Füllung:

CA. 8 Äpfel
Schale UND SAFT einer Zitrone
75g BRAUNER ZUCKER
2 Tl. Speculaaskruiden nur falls zur Hand
3 Tl. Zimt
1 EL. Stärkemehl

Nun kommt Tipp No. 2: Den besten Geschmack gibt das holländische Gewürz: „Speculaaskruiden". Solltest Du also mal nach Holland kommen ... Die Äpfel musst Du schälen, entkernen und klein schneiden.

Alle Zutaten in einer Schüssel mischen. Dann kannst Du die Mischung in die Springform geben. Tipp No. 3: Obendrauf den restlichen Teig gar nicht ausrollen, sondern als Streusel darüber geben. Wenn Du ihn lieber als „Deckel" ausrollen willst, kannst Du den Teig mit einem verquirlten Ei und etwas Milch bestreichen. Dann im vorgeheizten Ofen bei 180 Grad C eine Stunde backen. Warm besonders lecker! Mit Eis und Sahne auch.

Bernadette

Sweet Spring

Käse - kuchen

Gehackter Teig!

250 gr. Mehl
1 Prise Salz
1/2 Teel. Backpulver
100 gr. Zucker
1 Vanille - Zucker
1 Ei
100 gr. Butter etwas Milch oder Rahm.

Füllung!

8. Eier getrennt - Eiweiß steif schlagen
1/2 ~~kl~~ Zucker (= 250 gr.)
1 Zitrone Saft u. Schale
1 1/2 Becher Süße Sahne - Sahne auch schlag…
750 gr. Mager - Quark
1/2 Päckchen Vanille - pudding

Eigelb u. Zucker schaumig rühren, Saf…
einer abgeriebene Zitrone, und das…
Vanillepudding, dann den Quar…
schlagene Sahne, und zuletzt d…
In dem Vorgeheizten Backofen be…
x 1 Stunde Backen

Gruß Mama

Das ist so ein typisch deutscher Landfrauen Käsekuchen, der schmeckt einfach immer und zu jeder Gelegenheit!

der klappt immer

entweder in einer sehr großen 32 cm oder in zwei kleinen 18 cm Springformen backen.

Zutaten Mürbteig:

250g **Mehl**

1 Prise Salz

1/2 Tl. **Backpulver**

100G Zucker

1 Tl. Vanille Extrakt

1 EI

100G Butter

evtl. etwas Milch

Aus den Zutaten einen Mürbeteig herstellen, Mama nennt das einen „gehackten" Teig. Wenn Du ihn geschmeidiger möchtest, nimm etwas Milch dazu. Dann kühlen, ca. 30 Min., ausrollen und in die Springform (Rand nicht vergessen).

Die Füllung:

8 Eier (getrennt) **Eiweiß steif schlagen**

250g **Zucker**

SAFT und Schale (gerieben) **einer Zitrone**

1/2 **Päckchen** VANILLE PUDDINGPULVER

750G **Magerquark** oder Schichtkäse

1,5 Becher **süße Sahne** (steif schlagen)

Für die Füllung die Eigelbe mit dem Zucker schaumig rühren. Zitronensaft, Schale und Vanille Puddingpulver dazugeben. Danach den Quark oder Schichtkäse. Zum Schluss die geschlagene Sahne und den Eischnee unterheben. Die Füllung auf den Boden in die Springform geben.

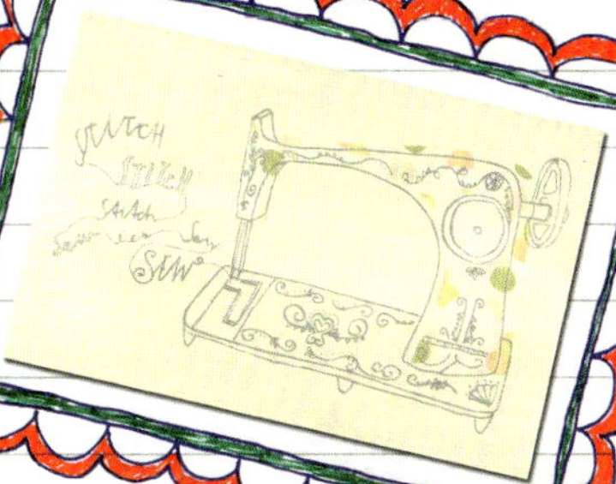

Notes

Im vorgeheizten Ofen bei 180 Grad C ca. eine Stunde backen, kleine Formen nur ca. 45 Min.

Danke Mama!

Gluchow
Der Honigkotten

Pop Up Tearoom
Menu
PLAIN SCONES WITH CLOTTED CREAM
AND HOME MADE STRAWBERRY CONSERVE
AMERICAN CHEESECAKE WITH
BLUEBERRIES
TRIPLE CHOCOLATE CHEESECAKE
CARROT CAKE
RHUBARB CRUMBLE
A SELECTION OF FRESHLY PREPARED
FINGER SANDWICHES

Afternoon Tea Party

OPEN

Zum ersten PopUp Tearoom des Jahres, wo endlich mal die Sonne schien, konnten die Gäste teilweise sogar schon mal raussitzen. Endlich! Ich wollte gerne eine ganz traditionelle englische Tea Party machen, aber natürlich "with a twist". Die Dekoration war mit Perlenketten und Taschenuhren überladen, voller blühender Rosen, vintage Geschirr und viel Spitze! Das sah ganz toll aus und ich war sehr happy damit.

S. 74

freshly baked scones

Die Scones dürfen ja bei keiner Tea Party fehlen. Ich mache sie immer frisch, weil sie warm am besten schmecken.

Zutaten:

500g **Mehl**
70g Zucker
2 TL **Backpulver**
70G Milchpulver
60g BUTTER
250 ml BUTTER MILCH
1/2 TL **Salz**

Ich wiege das Mehl, Zucker, Backpulver + Milchpulver in eine Schüssel. Dann tue ich die Butterwürfel dazu und vermenge alles mit den Fingerspitzen. Nun kommt noch die Buttermilch + Salz dazu. Es muss einen geschmeidigen Teig geben. Danach den Teig auf 4 cm Dicke ausrollen und mit einer runden Form (ca. 8 cm) Kreise ausstechen. Dabei nur einmal kurz nach unten stechen. Nicht den Cutter drehen, dann geht der Scone am besten auf.

Auf ein Backblech legen. Ich setze sie auch eng, selbst wenn sie an den Kanten zusammenbacken, kannst Du sie danach gut voneinander lösen. Mit Milch bestreichen und etwas Zucker obendrauf streuen.

Bei 180 Grad C ca. 25-30 Min. backen.

Warm mit Erdbeermarmelade + „Clotted Cream" servieren.

„Clotted Cream" bekommst Du in Deutschland nur in besonders gut sortierten Supermärkten oder online.

s. 76

Schokoladen käse kuchen

MY NEW FAVORITE TREAT

LOVED IT (ATE IT ALL)

7 - 8 - 9 - 10

Ich habe das Rezept zum ersten Mal für die Tea Party ausprobiert (und sicherheitshalber mal noch einen anderen gebacken, falls es nichts wird). Als ich dann aber schon an dem Sonntag Nachfragen zu dem Rezept bekommen habe und später in der Woche auch noch E-Mail Anfragen dazukamen, war klar: Der Schokoladen Käsekuchen muss mit ins Backbuch.

THE SWEET Life

Zutaten Boden:

150G Schokokekse
75g WEICHE Butter

Kekse zerkrümeln und mit der Butter mischen. Dann in eine 26 cm Springform pressen ohne einen Rand zu formen.

SCHOKOLADEN KÄSE KUCHEN

Füllung:

680g **Frischkäse**

200g ZUCKER

340G **Schokolade**

Zartbitter geschmolzen

3 **Eier**

2 Tl. Vanille Extrakt

240g SAURE Sahne

Mit dem Mixer den Frischkäse + Zucker zusammenrühren. Dann die geschmolzene Schokolade + Eier unterrühren. Zum Schluss Vanille und saure Sahne dazu. Diese Masse auf dem Krümelteig in die Springform gießen und 55 Min. bei 180 Grad C backen.

Ganache:

115g BITTERSCHOKOLADE

80ML **Sahne**

1 Tl. Butter

Alles in einem Topf aufkochen. Glatt rühren und etwas abkühlen lassen. Über den Käsekuchen gießen und am besten über Nacht durchziehen lassen. So schmeckt er am besten.

S. 78

Victoria Sponge

Das ist mein Dauerkuchen für Jede Gelegenheit. Mir fällt Jedoch auf, dass ich den immer nur im Sommer mache, weil ich den Kuchen am liebsten mit frischen Beeren fülle. Für einen Schoko-Victoria Sponge musst Du

nur 70 g Mehl gegen Kakao austauschen. Wenn Du möchtest, kannst Du auch wie rechts auf dem Foto für Jeden Gast einen kleinen Victoria Sponge machen, indem Du kleine Kreise aus dem großen ausstichst.

s. 79

recipe:

prep time:

serves:

Zutaten:

300G Butter
300g Zucker
150ml Zuckersirup
6 EIER
300g Mehl
1,5 TL. Backpulver
1 PRISE SALZ

Für den Zuckersirup musst Du 8 El. Wasser mit 100 g Zucker und dem ausgekratzten Mark einer Vanilleschote aufkochen. Anstatt Wasser und Vanille, kannst Du auch Zitronensaft mit 1 El. Limoncello oder Orangensaft mit 1 El. Grand Marnier Likör nehmen. In dem Fall, zum Abrunden, auch in den Teig die Vanille, geriebene Schale der Zitrone oder der Orange geben. Für den eigentlichen Teig zuerst Butter, Zucker und gewünschten Flavour (Vanille/Orange/Zitrone) zusammenrühren. Danach kommen die Eier und zum Schluss das Mehl mit Backpulver und Salz. Den Teig in eine Springform Deiner Wahl füllen. Wenn Du eine 18 cm nimmst, kannst Du ihn später locker 2-mal teilen. Bei einer 26 cm Form reicht das dann nur einmal.

tea time with FRIENDS

s. 81

Bei 180 Grad C 30-45 Min. backen (je nach Größe). Wenn Du daraus Muffins machst, dann brauchen die nur 20 Min.

Nach dem Backen am besten 15 Min. auskühlen lassen. Danach mit dem Zuckersirup tränken. Wenn er abgekühlt ist, in Folie wickeln. Der Victoria Sponge wird in England traditionell mit geschlagener süßer Sahne und Beeren oder Marmelade gefüllt. Entscheide selbst, was du magst und wie viel. Das Teilen geht am besten, wenn der Kuchen über Nacht gestanden hat.

Er krümelt dann nicht so stark. Für den Kuchen rechts mit vier Böden habe ich die doppelte Menge Teig in zwei 20 cm Springformen gebacken, geteilt und mit Buttercreme gefüllt. Für geschlagene Sahne sind die Böden zu schwer.

S. 82

CARROT CAKE

MEMORANDUM

UNREPEATED MESSAGE OF ACTUAL LIFE EVENTS

Dated .... 20__

To ..... kommt immer gut an ....

Origin of Transmission ....

Listed Events	Preferential Value	All claims for errors or shortage must be made within 3 days of receipt of goods.
1.		Ich habe schon ganz viele Karottenkuchen probiert –
2.		aber dieses Rezept ist und
3.		bleibt einfach das Beste.
4.		Dazu ist der Kuchen auch noch
5.		ganz leicht zu machen. Er hat sich mittlerweile zum
6.		„Signature Cake" bei den
7.		PopUp Tearooms entwickelt – den gibt es immer.

ISSUED BY ....

FORM 509

Bei meiner Freundin Farina haben die Kinder unbeaufsichtigt das komplette Icing vom Kuchen runtergegessen. Ein „Hoch" auf diese leckere Glasur.

Teig:

4 Eier
300g Zucker
240ML Sonnenblumenöl
2 Tl. VANILLE EXTRAKT
260G Mehl
2,5 TL. Backpulver
1/2 Tl. SALZ
2 Tl. ZIMT
100G Walnüsse in der Pfanne geröstet
340g KAROTTEN gehobelt

Eier mit Zucker schaumig rühren. Danach Öl und Vanille dazu. Zum Schluss alle trockenen Zutaten dazu: Mehl, Backpulver, Salz und Zimt. Dann musst Du noch von Hand Nüsse und Karotten unterheben. Den Teig in eine Springform (26 cm) füllen. Bei 180 Grad C 50 Min. backen.

Icing:

110G Butter
220g Frischkäse (beides Zimmertemperatur)
500G Puderzucker
1 TL. Vanille Extrakt
Schale EINER ZITRONE

alles zusammen- rühren

Nach dem Backen kannst Du den Kuchen teilen und das Icing auch dazwischen verteilen. Ansonsten kommt einfach alles Icing obendrauf.

Axel
Achim
Anna
Nina
Julia
Farina
Dani

Jeder, den ich kenne, macht nebenher irgendwelche Handarbeits-projekte. Häkeln, Stricken, Nähen, irgendwas geht immer. Da lag es nahe, sich sonntags dafür regelmäßig zu treffen. Man kann sich gegenseitig helfen und zu neuen Projekten inspirieren.

Natürlich gibt es beim "Crafty Sunday" auch immer Kaffee+Kuchen.

S. 86

cinnamon rolls
zimtschnecken

FIRST PRIZE

Das sind wirklich richtig gute & saftige Zimtschnecken. In den USA habe ich sie kennen und lieben gelernt. Du kannst dort sogar zuschauen, wie sie den Teig ausrollen + fertig machen. Was habe ich mir die Nase plattgedrückt und wie ist mir das Wasser im Mund zusammen gelaufen. Mit dem Rezept kann ich jeden Sonntag so tun als wäre ich im Urlaub in den USA. Probier's doch auch mal.

Zutaten Teig:

125g KARTOFFELN
60g Butter

= Kartoffelpüree

Kartoffeln weich kochen und mit der Gabel zerdrücken, Butter dazugeben.

1 Ei
125ML Milch
125ml BUTTERMILCH
1/2 Würfel Hefe
oder 1 Packung Trockenhefe

Zusammenmischen. Ich löse die Hefe immer in warmer Milch auf. Nun die trockenen Zutaten dazugeben.

650g MEHL
35g Zucker
3/4 TL. Salz

Nun das Kartoffelpüree dazugeben. Ich knete immer mit der Hand. Du kannst auch die Maschine nehmen.

Zutaten Füllung:

4 EL. goldklarer Karamellsirup
60g Butter
2 EL. Zimt
100g ZUCKER

"herrenlose"
Katze, die
ich anlocken
möchte

Nun den Teig 1 Stunde gehen lassen. Nach dem Gehen zu einem Rechteck 25 x 30 cm ausrollen. Die Zutaten für die Zimtfüllung in einem Topf schmelzen und darauf verteilen. Nun alles fest zu einer „Wurst" aufrollen und in ca. 12 Rollen schneiden. Zum Backen gibt es verschiedene Varianten.

Einzeln auf's Backblech, oder in einer großen Form alle zusammen. Ich bevorzuge eine große Form, da sind sie am saftigsten. Nun noch mal 30 Min. gehen lassen, dann backen. In den USA wird obendrauf noch eine Glasur gegeben. Dazu musst Du nur 70g Puderzucker mit 2 EL. Milch glatt rühren und wie auf dem Foto verteilen.

Bei 180 Grad C
30 Min.

WALNUSS KARAMELL SCHNECKEN

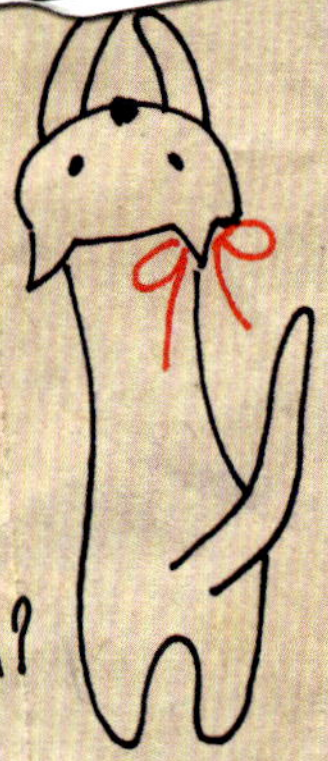

Natürlich gehöre ich 100% zum Team Zimtschnecken! Du auch? Aber: Es gibt da jetzt etwas Neues für Dich und für mich. Die Zimtschnecken bekommen nun noch Walnüsse und Karamell obendrauf! Was auf dem Foto schon sehr gut aussieht, schmeckt in echt noch viel besser. Mein Tipp: Zum nächsten Brunch servieren!

Der Teig und die Füllung ist genau wie bei den Cinnamon Rolls auf den Seiten davor.

Topping:

250G **Walnüsse** gehackt

120g BUTTER

140G brauner Zucker

4 **Eier**

60G **Milch**

60g Ahornsirup

1/4 TL SALZ

Schütte die Walnüsse in Deine gefettete 23 x 33 cm Backform Jetzt gib alle anderen Zutaten für das Topping in einen Topf, warte bis die Butter geschmolzen ist und lasse alles einige Minuten köcheln. Dann leerst Du das Karamell über die Walnüsse in Deiner Backform. Die 12 Rollen Zimtschnecken (genau wie aus dem Rezept S. 86) setzt Du dann dicht nebeneinander obendrauf. Jetzt alles 30 Min. gehen lassen und bei 180 Grad C 30 Min. backen. Jetzt 5 Min. abkühlen, dann die Zimtschnecken in der Form auf eine große Platte stürzen. Das warme Karamell wird seitlich runterlaufen. Warm schmecken die am besten!

chocolate crackle cookies

Oh, da war ich natürlich ganz stolz, als der Lasse (ein Nachbarsjunge) geklopft hat, und mich nach diesem Rezept gefragt hat. Ich hatte ihm die Kekse mal auf die Hand zum Probieren gegeben, als ich sie frisch aus dem Ofen geholt habe. Klar, dass Lasse zu seinem Geburtstag

von mir Cookies bekam. Weil die so schokoladig schmecken, liebt sie jeder. Im Prinzip ist es so eine Art Brownie Teig, der jedoch als Keks gebacken wird. Durch den Trick mit dem Puderzucker sehen sie auch einfach toll aus.

Zutaten:

150g MEHL
60G Kakao
2 TL Backpulver
1/4 TL Salz
} mischen

115G weiche Butter
300g brauner Zucker

Nicht wundern:
Der Teig ist vor dem Kühlen ganz arg weich und nicht formbar. Nach dem Kühlen geht's.

2 EIER
1 TL Vanille Extrakt
230G Zartbitter Schoki geschmolzen
80ML Milch

120g Puder-zucker & 120g Zucker zum Wälzen

Mixe das Mehl, Kakao, Backpulver + Salz in einer Schüssel. Rühre diese Mischung zusammen mit der Butter und dem braunen Zucker für einige Minuten. Danach kommen die Eier + Vanille dazu. Zum Schluss noch die Schokolade mit der Milch einrühren, bis es eine Masse ist.

Nun teile den Teig in 4 Portionen. Am besten Du rollst jede Portion zu einer länglichen Wurst mit etwa 2,5 cm Durchmesser. Jetzt gut in Folie einwickeln + in den Kühlschrank (30 Min.).

Jetzt werden die Kugeln gerollt!

Wenn der Teig fest geworden ist, kannst Du ihn rausholen. Ich mache aus jeder Teigwurst ca. 10 Cookies. Also pro Cookie etwa 2,5 cm abschneiden und als Kugel formen.

Als Nächstes brauchst Du 2 Schüsseln mit Zucker: dem Puderzucker + dem normalen feinen Zucker. Zuerst werden die Kugeln in normalem Zucker gewälzt, danach in Puderzucker. Du wirst merken, dass beim Kugelformen und Wälzen durch die Wärme Deiner Hände der Teig sofort wieder weich wird und klebt. Einfach sofort Hände waschen, dann geht's wieder. Beim Wälzen nehme ich auch gerne einen Löffel zur Hilfe. Nun kannst Du alle Kugeln auf ein Backblech setzen. Bitte achte auf genügend Abstand, da sie ja noch auseinanderlaufen.

Bei 180 Grad C 12-15 Min. backen.

Eigentlich halten sich die Kekse in einer Dose gut eine Woche. Na Ja, eigentlich …

HAPPY
BIRTH
DAY

Many many YEARS to come ♡

Wer mich kennt, weiß, meinen Geburtstag feiere ich jedes Jahr und freue mich immer über viele Gäste. Mein "Highlight" ist natürlich immer das Kuchenbuffet, und ich muss dafür auch immer neue Kuchen ausprobieren.

Dieses Jahr waren neu, der Peanutbutter- und der Banoffee Pie. Am Anfang wurde nur zögerlich abgeschnitten und probiert, doch bald schon waren beide Pie Formen leer! Immer ein gutes Zeichen. Was noch interessant zu erwähnen ist, beide Kuchen werden nicht gebacken, sie werden im Kühlschrank fest.

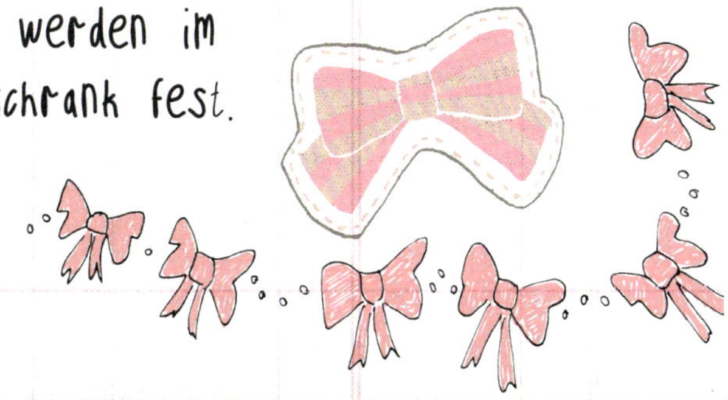

PEANUT BUTTER PIE

Boden:

150G Schokokekse
30g Zucker
85g Butter

Die Kekse krümeln, mit Zucker und Butter mischen + in eine 23 cm Pie Form drücken, ca. 2,5 cm Rand formen. 10 Min. bei 180 Grad C backen.

Peanut Butter Füllung:

230g Frischkäse
240ML Erdnussbutter
115g Puderzucker
2 TL. Vanille Extrakt
120 ML Sahne steif schlagen

Frischkäse mit weicher Erdnussbutter glattrühren. Zucker und Vanille dazugeben. Zum Schluss die steife Sahne vorsichtig unterheben.

Ganache:

120g BITTER SCHOKOLADE

60 ml Sahne

15g BUTTER

Die Peanut Butter Füllung in die abgekühlte Pie Form gießen und ca. 4 Std. in den Kühlschrank. Die Zutaten der Ganache in einem Topf aufkochen und abkühlen lassen.

Bei Raumtemperatur über den Pie gießen. Wenn Du möchtest, streue noch salzige Erdnüsse obendrauf. Am besten kühl lagern.

BANOFFEE PIE

Setzt sich aus dem Wort Banane und Toffee zusammen

Afternoon Forest
Story of the girl wearing red hood.

Boden:

150G Butterkekse
125g BUTTER

Toffee Füllung:

125g Butter
100g brauner Zucker
400G Karamell im Glas
1 TL. VANILLE EXTRAKT

Hello

How are you?

Baaaar

Obendrauf:

Bitterschokolade GEHOBELT

Topping:

2 Bananen
2 EL. Zitronensaft
1 Blatt Gelatine
2 EL. KAFFEE (HEISS)
255ml Sahne

Story of the girl wearing red hood.

Die Kekse musst Du klein krümeln und mit der Butter vermischen. Danach in eine 23 cm Pie Form drücken, möglichst auch einen Rand formen. Für die Füllung die Butter mit Zucker schmelzen. Das Karamell und Vanille hinzugeben und aufkochen. Glatt rühren und auf den Boden gießen. Alles nun etwa 1 Stunde in den Kühlschrank. Bananen in Scheiben schneiden und mit Zitronensaft beträufeln. Wenn der Kuchen kalt ist, die Bananen kreisrund auf das Toffee legen. Für das Topping die Gelatine nach Anleitung auf der Packung einweichen. Danach ausdrücken und in heißem Kaffee auflösen. Nun kommt die Sahne löffelweise dazu. Kurz abkühlen lassen und dann steif schlagen. Auf dem Kuchen verteilen + Schokoraspel obendrauf.

Kühl aufbewahren.

home is where
the cat is

MEINE „markt" PRODUKTE

Am Wochenende gehe ich (wahrscheinlich wie jeder) sehr gerne auf Märkte. Am liebsten mag ich so kleine Designermärkte mit selbst gemachten Dingen oder auch im Sommer die Gartenfestivals. Und schon immer wollte ich auch selbst dort einen Stand haben + Sachen verkaufen. Natürlich nicht alleine, ich suche dann jedes Mal nach "Freiwilligen", die auf meine super Idee anspringen. Die Sache ist natürlich dann 10-Mal aufwändiger, als ich mir das am Anfang vorgestellt habe – aber egal! Um den optimalen Stand dekoriert zu haben, wird dann immer alles vorher zuhause aufgebaut. Der arme Mann, der das dann immer alles ertragen muss.

s. 104

Recipe for GEBACKENES MÜSLI

from the kitchen of

granola

ingredients Für einen Markt habe ich davon ca. 100 Gläser "produziert". Bei der Menge ist die Herausforderung die Backzeit. Denn der Ofen ist mit jeder Portion erst mal belegt. Ich glaube, ich habe bei diesen Vorbereitungen zum ersten Mal alle 4 Backröhren in meinem Herd gleichzeitig in Betrieb gehabt. So konnte ich durchgehend Müsli backen, mit Früchten mischen und in Gläser abfüllen.

Es fällt mir richtig schwer, jetzt dafür ein Rezept zu Papier zu bringen! Ich habe immer Granola zuhause. Ich mache das ständig frisch – ohne Rezept oder so. Immer gerne auch mit neuen Variationen. Für Dich habe ich aber jetzt mal versucht, ein "Grundrezept" aufzuschreiben. Ach ja, hatte ich eigentlich schon erwähnt, dass dieses gebackene Müsli mit nichts zu vergleichen ist, was man bei uns kaufen kann?

Zutaten:

125ml KOKOS Öl

4 EL. Ahornsirup

1 Tl. Vanille Extrakt

1 Tl. ZIMT

1/4 Tl. SALZ

Schale einer ORANGE gerieben

180G grobe Haferflocken

40g ZARTE Haferflocken

50g Kokosraspel

70g Mandeln oder andere Nüsse

60G Sonnenblumenkerne

100g Kokos gehobelt

260G Cranberries

Das Öl mit dem Ahornsirup, Vanille, Zimt, Salz, Orange in einem Topf erhitzen. Danach zu den trockenen Zutaten geben und mischen. Auf ein Backblech geben und bei 160 Grad C ca. 30 Min. backen. Erst nach dem Backen das Müsli mit den Cranberries und dem gehobelten Kokos mischen. Luftdicht am besten in einem Glas verpacken.

dream a little

VINTAGE DREAM

s. 107

Ich muss doch noch ne Seite anhängen, weil es so viele extra Tipps zum Granola gibt. Beim Backen musst Du aufpassen. Immer mal wieder reinschauen und eventuell wenden. Es sollte schon gebräunt werden, aber halt nicht verbrennen! Keine Angst, auf dem Blech wenn es heiß ist, wird es immer weich sein. Die Knusprigkeit kommt erst nach dem Erkalten. Ich gebe absichtlich keinen Zucker dazu, ich mag es nicht so süß. Wenn Du Lust hast, kannst Du noch 40 g braunen Zucker beim Aufkochen mit in den Topf geben. Als Variationen kannst Du anstelle des Kokosöls auch jedes Pflanzenöl nehmen. Sonnenblumenöl eignet sich sehr gut. Oft nehme ich auch Honig anstelle des Ahornsirups. Wenn Du lieber große Stücke möchtest, gib noch 2 Eiweiß in den Topf. Das Granola esse ich am liebsten mit Naturjoghurt und Obst zusammen.

S. 108

RECIPE

from the kitchen of: ANDREAS

EINFACHER SCHOKOKUCHEN

ingredients:

Die Idee war eine Art Backmischung anzubieten, die man auch im Sommer isst. Also keine Kekse oder so. Einen Schokokuchen mag jeder gerne zu jeder Jahreszeit.

Ich habe bei der Backmischung alle trockenen Zutaten in eine Tüte eingewogen und eingeschweißt. Du kannst auch eine Zipperplastiktüte nehmen, wenn Du eine Backmischung so verpacken willst. Das geht auch. Alle flüssigen Zutaten muss jeder dann noch selber dazugeben (Eier, Milch, Butter). Für den Kuchen habe ich dann ein tolles Etikett gemalt und habe alles in eine braune Packpapiertüte gepackt. Band + Tortenspitze drauf und fertig.

Vorne:

Hinten:

In einer Kastenform bei 180 Grad C 60 Min. backen

directions:

250g **brauner Zucker** 3 TL. Backpulver 335g **Mehl** 50G Kakao	**Das habe ich in die Plastiktüte gepackt.**
2 EIER 375ml Milch 170g BUTTER	**Mit den trockenen Zutaten mischen.**
150g **dunkle Schokolade**	

RIFLE PAPER CO.

Die dunkle Schokolade hatte ich als Glasur auch mit in der Tüte. Einfach schmelzen und nach dem Backen überziehen.

Herbst

PASSION FOR *marshmallows*

Der Herbst bringt S'mores

Marshmallow & Schoki, & Keks!

Jedes amerikanische Kind kennt die S'mores!

Am Lagerfeuer werden die Marshmallows auf lange Zweige gesteckt und gebräunt. Die weiche Masse wird dann zwischen zwei Kekse gepresst, auf die vorher noch ein Stück Schokolade gelegt wurde.

Muss ich noch mehr davon erzählen, oder hast Du jetzt schon Lust drauf bekommen und machst Dir ein Campfire an? Na?

s. 112

BAKING NOTES

RECIPE	OCCASION	SOURCE
Cookies for S'mores		Campfire

INGREDIENTS

190G Mehl
230g BUTTER
190g VOLLKORNMEHL
2 TL. Zimt
1/2 TL. Salz
150g brauner ZUCKER
2 El. Honig
1 Tl. Backpulver

RECIPE REMARKS

Alles zusammenkneten. Den Teig 10 Min. in den Kühlschrank. Dann ausrollen und ausstechen. Die Hälfte der Kekse mit einem Loch in der Mitte ausstechen. Nochmals 10 Min. kühl stellen.

BEST SERVED WITH: ☐ COFFEE ☐ TEA ☒ NAPKINS ☒ PRIDE

COMMENTS

Ofen auf 180 Grad C vorheizen und Kekse ca. 14 Min. backen.

OVERALL RESULTS: ☐ DISASTROUS ☐ FAIR ☐ GOOD ☒ HEAV

"BAKE YOUR CAKE AND EAT IT TOO"

S. 113

Außer den Keksen brauchst Du noch 2 Tafeln Schokolade. Du kannst als Starter Vollmich „Schoki" kaufen, oder aber natürlich auch Karamell, Praline, Cappuccino- alle Sorten sind erlaubt! Nimm, was Du am liebsten magst.

Vergiss nicht, noch eine Packung Marshmallows zu kaufen. Du kannst die Zutaten für ein paar S'mores auch schön verschenken! Einfach alles in eine kleine Tüte packen, Schleife und Etikett dranmachen und fertig.

let's have a PIE PARTY

A Perfect Day

Stell Dir vor, es ist einer der letzten warmen Tage im Jahr, die Blätter an den Bäumen färben sich orange.

PIE PARTY

im Herbst

Country Fresh

Im Supermarkt werden auch schon wieder die Kürbisse angeboten. Es ist jedes Jahr gleich bei mir – zu diesem Zeitpunkt starte ich die Pie Back Saison. Diese beginnt immer mit einem Pumpkin/Kürbis Pie. Da ich dann immer meine ganzen Pie Backformen im Schrank wiederentdecke, werden ständig irgendwelche weiteren Pies gebacken.

Cherry Pie,

Chocolate Pie, …

genau das Richtige für das „Herbst Feeling"

Pumpkin Pie

(Kürbis Kuchen)

Der Teig:

- 175G Mehl
- 1/2 Tl. SALZ
- 1 El. Zucker
- 115g Butter kalt, stückig
- 30-60ML Wasser kalt

Kürbisfüllung:

- 3 EIER
- 450G Kurbispüree
- 120 ML Sahne
- 110 g brauner ZUCKER
- 1 El. ZIMT
- 1/2 Tl. Ingwer gemahlen
- 1/2 Tl. SALZ
- 1/2 TL. Nelken gemahlen

handcrafted for you

Kurbispüree in der Dose gibt es nur in speziellen USA Stores. Ich ärgere mich nicht mehr drüber + mache es selbst!

Dafür musst Du einen Hokkaido Kürbis ausnehmen + in Stücke schneiden. Im Ofen weich backen + pürieren. Schälen nicht nötig!

Für alle Teigzutaten nehme ich mal wieder die Küchenmaschine mit der „Pulse"-Taste. Ohne Maschine mit den Händen rasch zusammenkneten! Nimm nur so viel Wasser, damit Du eine Kugel formen kannst. Presse die Kugel flach und kühle den Teig mind. 30 Min. im Kühlschrank. Danach ausrollen und in eine 23 cm Pie Form legen. Nun den Rand formen. Aus den Teigresten steche ich immer noch lustige Formen aus + und lege die vor dem Backen obendrauf!

Für die Füllung:

Alle Zutaten zusammenrühren + in die Pie Form geben. Ca. 55 Min. bei 180 Grad C backen. Den Teigrand eventl. mit Alufolie abdecken, falls er zu dunkel wird.

ta-daaaa ...
und hier ist der

Cherry Pie

(Kirsch Pie)

Hmmmm. I like Cherry Pie! Natürlich weil das so ein ganz dünner Teig mit vielen Früchten ist.

Ich habe obendrauf (extra für's Foto natürlich) so ein enges Gitter aus Teig gelegt + noch mit Milch bestrichen für eine schöne Farbe. Um ganz ehrlich zu sein: Das war doch recht aufwändig. Eventl. solltest Du Dir überlegen, einfach den Teig auszurollen und als geschlossenen "Deckel" draufzulegen. Einfach mit dem Messer einige Luftlöcher reinschneiden.

Come and Sit a Spell...

Du kannst anstelle der Kirschen auch Beeren nehmen (Heidel, Him, Brom, Erd).

Teig:

170G kalte Butter
260g MEHL
1/4 Tl. Salz
1/4 Tl. Backpulver
140G Frischkäse
3 EL. SAHNE
1 EL. Apfelessig

Auch hier wieder ein Fall für die Maschine mit „Pulse"-Taste. Den Teig zu 2 Kugeln formen und 30 Min. kühlen. Danach für den Boden die erste Hälfte des Teigs ausrollen und in eine 28 cm Pie Form legen. Alle Zutaten der Füllung zusammenmischen + in die Form geben. Die zweite Hälfte vom Teig ausrollen + obendrauf legen (Gitter, Deckel oder Ausstechformen). Mit etwas Milch bestreichen und bei 190 Grad C 50 Min. backen. Auch hier Vorsicht mit dem Rand: evtl. mit Alufolie abdecken, falls er zu schnell zu braun wird.

Füllung:

900g KIRSCHEN (entsteint) oder Beeren
100g ZUCKER
40g Stärkemehl
1/2 Tl. ZIMT
SCHALE 1 Zitrone

perfect
pie
party

My Happiness

a der
b **Chocolate**
c **Pie**
d
e (Schokoladen Pie)
f

Gut, ich nehme an, dass niemand von der "Abnehmfraktion" diesen Kuchen empfehlen würde. Die Füllung spricht für sich. Aber: Hin und wieder sollte sich jeder mal etwas gönnen und so ... Ich schneide mir auch immer nur ein schmales Stück davon ab. Ganz klein nur. Leider dann halt öfters. Mist!

A little bird told me...

...dass auch Du total auf Schokolade stehst.

LIVING IN A *pumpkin*

Teig:

200G Mehl
80g ZUCKER
1 Prise Salz
1 Eigelb
150G Butter
2 El. Kakao

Füllung:

400g Sahne
300g ZARTBITTER Schoki
1 Prise Zimt
50g ZUCKER
1 Tl. VANILLE EXTRAKT
50g Butter
1 Ei + 1 Eiweiß

Für den Teig alles verkneten und 30 Min. kühlen. Danach ausrollen + in eine 28 cm Pie Form legen. Rand formen. Für die Füllung die Sahne in einem Topf erhitzen, die Schoki dazugeben + auflösen. Vom Herd nehmen + Zimt, Zucker, Vanille + Butter unterrühren. Eiweiß zusammen mit dem ganzen Ei unter die Creme rühren. Den Kuchen bei 180 Grad C im vorgeheizten Ofen 50 Min. backen.

FALL PICNIC *join the fun*

photoshoot mit nachbar's wagen

Den Oldtimer von Michael hatten wir eigentlich für das Weihnachtskarten Motiv für Danis Laden ausgeliehen. Aber da er nun mal schon vor der Tür stand, wollte ich unbedingt auch ein paar andekorierte Kuchenbilder machen. Also los geht's zum großen Testessen vom Bananenbrot. Das Originalrezept kam schon in meinem englischen "Booklet" immer wieder sehr gut an, sodass ich mir ein paar Varianten für Dich überlegt habe. Das Grundrezept bleibt dabei gleich, es werden nur immer ein paar Sachen dazu "addiert". Probier es einfach mal aus, vielleicht hast Du dann auch einen neuen Favoriten?

Bananenbrot + Varianten

Hier nun also das Basis Grundrezept für das Bananenbrot. Eigentlich backe ich es immer, wenn die Bananen zuhause schon wieder zu dunkel sind, als das sie noch Jemand essen würde. Für das Brot ist das aber genau richtig. Reife Bananen.

Zutaten Basis Bananenbrot:

- 150G Butter
- 180g ZUCKER
- 3 Eier
- 3 Bananen zerdrückt
- 110 ml Buttermilch
- 350g MEHL
- 1 TL. Backpulver
- 1/2 Tl. Salz
- 100g Walnüsse gehackt und in der Pfanne "geröstet"

S. 127

Ich mische die Zutaten immer von Hand. Als Erstes Butter und Zucker zusammenrühren, danach die Eier, Bananen und Buttermilch. Zum Schluss das Mehl, Backpulver und Salz dazugeben und die Walnüsse unterheben. Im vorgeheizten Backofen bei 180 Grad C in einer 25 cm Kastenform ca. 1 Stunde backen. Warm schmeckt das am allerbesten, auch nach 2-3 Tagen wenn Du es auftoastest.

varianten

mit feigen + ahornsirup

Walnüsse weglassen, 140g getrocknete Feigen (klein geschnitten) und 80 ml Ahornsirup

mit erdnussbutter

nur 50 ml Buttermilch, dafür 80 ml Ahornsirup + 140 g weiche Erdnussbutter

mit haselnüssen + schoki

anstatt Walnüsse einfach Haselnüsse, 1 El. Kakao und 200 g Schokotropfen

Wenn Du noch eine extra Banane übrig hast, kannst Du die vor dem Backen in Scheiben oder halbiert auf den Teig legen. Sehr lecker zum Servieren: Frisches Karamell (siehe Foto) dazu ein paar Scheiben Bananen in Butter und Zucker in der Pfanne angebraten. Yumm!

S. 128

„Amerikanischer Apfelkuchen"

Nicht zu verwechseln mit der holländischen Appeltaart oder dem deutschen Apfelkuchen. Beim Apple Pie aus den USA geht alles über die "Pie Crust"- also den perfekten Teig. Der muss eine zartblättrige Konsistenz haben und butterig schmecken. Das funktioniert nur, wenn der Teig stets gekühlt wird. Alle Zutaten müssen kalt sein, der Teig wird vor dem Ausrollen und dem Backen nochmals gekühlt. Für's Foto habe ich ein Gitter obendrauf geflochten. Das war eine Heidenarbeit + schmeckt auch nicht besser. Ich würde das nicht noch mal machen. Einfach glatt einen Deckel aus Teig obendrauf legen, dann allerdings musst Du ein paar Luftlöcher mit dem Messer reinschneiden, oder Formen ausstechen. Die perfekte Pie Backform hat übrigens einen gewellten Rand, in den die Amerikaner verschiedenste Muster mit den Fingern oder der Gabel reinmachen. Wenn Du Lust hast, such mal im Internet unter "Decorative Border Pie Crust". Da findest Du viele Beispiele und wie man sie macht.

Zutaten:

260g Mehl

1/4 TL. Salz

1/4 TL. Backpulver

140g Frischkäse kalt

170g KALTE BUTTER in Stücke geschnitten

3 El. SAHNE

1 EL. Apfelessig

Am einfachsten gelingt die „Crust" in einer Küchenmaschine mit „Pulse"-Taste. Dabei Mehl, Salz + Backpulver hineingeben + einige Sekunden mischen. Den Frischkäse dazugeben und 30 Sekunden mixen. Nun die Butter dazugeben und „pulse" drücken, bis die Butter Erdnussgröße hat. Nun die Sahne + Essig dazutun und wieder „pulse" drücken, bis die Butter Erbsengröße hat. Den krümeligen Teig ausschütten und auf der Arbeitsfläche mit beiden Händen zu einer flachen Form pressen. In Klarsichtfolie wickeln + 45 Min. kühlen.

Die Hälfte des Teiges ausrollen + in die gefettete Form legen und kühl stellen.

HOMEMADE

vintage feel

Apfelfüllung:

6-8 Äpfel geschält + klein geschnitten

1 El. ZITRONENSAFT

100g brauner Zucker

2 TL. Zimt

1/4 Tl. Muskat

1/4 TL. Salz

1 El. Stärkemehl

Alles für die Füllung zusammenmischen + in die Form einfüllen. Die zweite Hälfte vom Teig ausrollen und als Deckel obendrauf legen. Wenn Du eine Form mit gewelltem Rand hast, kommt jetzt die Zeit für den dekorativen Teigrand. Nicht vergessen: Löcher in den Deckel schneiden, damit die Luft entweichen kann.

Im vorgeheizten Ofen bei 200-220 Grad C 1 Stunde lang backen. Der Rand muss evtl. mit Alufolie abgedeckt werden, da er schnell bräunt.

S. 132

Oscars Taufe

Für Oscars Taufe im Herbst habe ich das Kuchenbuffet gebacken und dekoriert. Für die Deko der Tische habe ich ein Tischset gestickt, für jeden Platz farbkopiert und dann mit Masking-Tape angeklebt. Da sitze ich zwar "100 Std." beim Sticken, aber das Ergebnis ist dann doch immer sehr toll.

s. 133

bananen pudding

Das Originalrezept ist mit Vanillecreme, Eierplätzchen und Bananen. Mittlerweile habe ich es schon "1000 fach" variiert – das kannst Du auch machen. Probiere doch mal Schokocreme. Oder mach's mit Kirschen, Himbeeren etc. Und anstatt der normalen Kekse habe ich Erdnussbutter oder Schokokekse getestet. Irgendwann kehre ich aber auch wieder zum Originalrezept zurück.

Wichtig ist: Das Zusammenschichten muss in der großen Schüssel gemacht werden und er muss darin auch durchziehen. Erst danach kannst Du den fertigen Pudding in kleine Gläser oder Tassen abfüllen! Kommentar von Björns Vater: "Keine Ahnung was das für Zeugs ist, aber es schmeckt hammergeil!"

S. 134

Zutaten:

2 Packungen (je 60g) DESSERTCREME „Paradies" VANILLEGESCHMACK

1 DOSE gesüßte Kondensmilch

430g KALTES WASSER

700G süße Sahne

300g KEKSE (Eierplätzchen, Lotus Biscoff, Oreo nimm was Du magst)

5 reife BANANEN in Scheiben geschnitten

Für eine leckere Schokovariante:

500G Nuss Nougat Creme

Du musst zuerst die Dessertcreme mit der Kondensmilch und dem Wasser in Deiner Küchenmaschine mixen, ca. 4 Min. Danach stelle die Creme zum Festwerden in den Kühlschrank. Am besten funktioniert das über Nacht. Es ist wichtig, die Creme richtig fest werden zu lassen. Am nächsten Tag die Sahne steif schlagen und die Creme unterheben. Nun darfst Du alles in einer großen Schüssel schichten. Zuerst 1/4 der Creme. Dann 1/3 der Kekse darüber verteilen (nehme ein paar davon weg für die Deko obendrauf). Jetzt die Bananenscheiben. Nun ca. 1/3 der Nuss Nougat Creme (am einfachsten wenn sie dabei in einer Spritztüte ist). Danach wieder die Creme. Das Ganze noch zweimal wiederholen. Du kannst obendrauf zur Dekoration die Kekskrümel streuen. Alles muss dann nur noch vor dem Verzehr mind. 4 Stunden durchziehen.

naturally

der st. martinsumzug in solingen

In Solingen gibt es alljährlich den St. Martins Umzug irgendwann im November. Für uns Zugezogene kam das im ersten Jahr völlig überraschend, denn nach dem Umzug laufen die Schulkinder mit ihren Laternen von Haus zu Haus und singen Lieder für Süßigkeiten. Wie gesagt, im ersten Jahr waren wir nicht gut vorbereitet. Nach mittlerweile 2 Jahren Erfahrung sieht die Sache völlig anders aus: Auf der Veranda an der Haustüre habe ich ein Buffet aufgebaut. Ich muss nur aufpassen, dass überhaupt noch gesungen wird, bevor alles Süße weg ist.

DIE BEIDEN BEST-SELLER AM KUCHENBÜFFET!

rocky road schnitten

Es geht auch manchmal ganz ohne Backen. Einfach nur Schokolade schmelzen und lauter Sachen dazu tun, von denen ich dachte, dass Kinder sie mögen. Es hat geklappt.

Nimm zum Beispiel:

300g weiße Schokolade

130g LOTUS BISCOFF AUFSTRICH (Spekulatiusaufstrich)

50g Butter

200g LOTUS BISCOFF KEKSE (Spekulatiuskekse zerkleinert)

150g Mini Marshmallows

1. Schokolade mit Aufstrich und Butter schmelzen.
2. Kekse in Stücke zerbröseln
3. Brösel & Marshmallows in eine quadratische 20 cm Form geben.
4. Schokolade darüber gießen, fest andrücken.
5. Für extra leckere Rocky Roads kannst Du noch 200g zusätzliche weiße Schokolade schmelzen und darüber gießen. Auf dem Foto habe ich dann weitere 50g Kekse & Malteser Kugeln verteilt und angedrückt.

Caramel Schnitten

Du darfst jetzt nicht glauben, dass die "Caramel"-Schnitten nur Kindern schmecken. Dem ist nicht so … trust me!

Shortbread/Keks:

170g Butter
50g Zucker
1/2 TL. Vanille Extrakt
195g Mehl
1/8 TL. Salz

Karamell Füllung:

180g Butter
110g Zucker
2 EL. goldklarer Karamell-sirup
180 ml gesüsste Kondensmilch

Schokolade obendrauf:

170g Schokolade Zartbitter
1 TL. Butter

s. 139

Den Ofen auf 180 Grad C vorheizen und eine 23 cm x 23 cm Form einfetten.

Shortbread/Keks:

Alle Zutaten zusammenmixen. In die Form pressen und 20 Min. backen, sodass der Keks eine goldgelbe Farbe hat. Auskühlen lassen.

Karamell Füllung:

Butter, Zucker, Karamellsirup und die Kondensmilch im Topf erhitzen, bis die Butter geschmolzen ist. Nun Temperatur erhöhen, bis es blubbert. Etwa 10 Min. blubbern lassen, bis es eine Farbe wie dunkles Karamell hat. Dann auf den abgekühlten Keks in die Form gießen.

Obendrauf:

Schoki + Butter schmelzen. Gleichmäßig über das Karamell verteilen. Vor dem Aufschneiden gut abkühlen lassen.

Der kleinste Weihnachtsmarkt

Wir wohnen ja noch nicht so lange im rosa Haus und im ersten Winter haben unsere Nachbarn und wir (2 Häuser gibt es in unserer Straße) überlegt, einen Weihnachtsmarkt zu veranstalten. Die Idee war natürlich, dabei gleich alle anderen Nachbarn aus der Umgebung kennenzulernen.

Ich backe Waffeln und unsere Nachbarn schenken Glühwein aus. Wir finden die Aktion immer noch ganz toll und wollen das nun jedes Jahr machen. Beim letzten Mal hatten wir schon 3 Stände. Dieses Jahr wird in unserer Straße neu gebaut, so freuen wir uns auf weitere Stände auf dem kleinsten Weihnachtsmarkt, meistens am 1. Sonntag im Dezember.

Santa's
WORKSHOP
baby it's
COLD OUTSIDE

Liège Waffles with pearl sugar

Ich versuche natürlich, dass unser Haus zu dem Termin dann extra schön dekoriert ist. Denn vor dem Eingang steht ja dann mein Tisch mit dem Waffeleisen.

BELGISCHE WAFFELN

Warst du mal in Belgien irgendwann + hast Du dort eine Waffel von den Ständen an der Straße probiert?
Wenn nicht, kennst Du sie nicht. Klar, Waffeln kennst du, aber das hier sind die dicken mit dem karamellisierten Zucker.
Hmmmm, wahnsinnig gut.

S. 144

Immer, wenn ich diese Waffeln mache, fragen mich danach alle nach dem Rezept. Es ist nicht zu vergleichen mit den bei uns bekannten "Herzchen Waffeln". Es gibt dabei allerdings 2, nein 3 Tricks.

1. Nimm ein Belgisches Waffeleisen. Das ist das mit viereckigen, tiefen Platten. Am besten herausnehmbare Platten für die Spülmaschine. Sonst wird das Spülen Horror!
2. Du brauchst den Waffelzucker, den ich bisher nur im Supermarkt in Belgien gesehen habe. Deshalb bestelle ich ihn im Internet. Meistens gleich 1 kg, er wird ja nicht schlecht.
3. Der Teig ist ein Hefeteig mit Vorteig. Also aufwändig, aber das Ergebnis ist unbeschreiblich.

und hier nun das Rezept für Hefewaffeln

Vorteig:

- 150G Mehl
- 100ml WASSER
- 10g frische Hefe

Teig:

- 350g Mehl
- 250G Butter
- 50g ZUCKER
- 5 Eier
- 5g Salz
- 1 TL VANILLE EXTRAKT
- 10G frische Hefe
- 80ml MILCH
- 250g Pearl Sugar oder zerkleinerter Würfelzucker

Die Zutaten aus dem Vorteig mit einer Gabel zusammenmischen. In einer abgedeckten Schüssel bei Raumtemperatur mindestens 12 Stunden gehen lassen!

Mehl, Butter, Zucker, Eier, Vanille, Salz und den Vorteig kneten. Die Hefe in der Milch auflösen und dazugeben.

Der Teig sollte sich vom Schüsselrand lösen.

READ THIS

Nun den Pearl Zucker dazugeben und etwa 30 Sekunden rühren.

Dann muss der Teig noch eine Stunde gehen + es kann losgehen.

Die Waffeln mit dem Waffeleisen backen und mit Puderzucker bestäuben.

SCHOKO COOKIES

Schoko Cookies? Wirklich? Es geht um Schoko Cookies? Dabei muss ich sofort und immer wieder an unsere Weihnachtsmärkte denken, an denen wir damit teilgenommen haben. Zum ersten Mal vor 5 Jahren!

Ich hatte damals im Urlaub in den USA so ein Glas gesehen, in das eine Backmischung reingeschichtet war, und wollte auch so ein Rezept oder Produkt entwickeln. Gestern Abend habe ich mal wieder die Cookies gebacken und ertappe mich jetzt ständig dabei, in die Küche zu laufen und zur Dose zu greifen.

s. 147

Zutaten:

185G Mehl

2 Tl. BACKPULVER

1 TL. Vanille Extrakt

1/4 Tl. Salz

90G grobe Haferflocken

250g SCHOKOTROPFEN bitter

100g weißer ZUCKER

100g brauner Zucker

100g Walnüsse GEHACKT

1 Ei

110G sehr weiche Butter

Mische alle Zutaten mit der Hand oder einem Kochlöffel zusammen in einer Schüssel. Forme aus dem Teig ca. 25 Kugeln.

Du kannst einen Teil der Schokolade auch durch farbige Schoko-Linsen ersetzen, weiße Schokolade nehmen oder einen XXL Cookie in der Springform backen.

Im vorgeheizten Backofen bei 180 Grad C ca. 10-12 Min. backen.

Ähemm ... solltest Du es nicht schaffen, 25 Kugeln zu formen, ist nicht das Rezept schuld! Sondern Du hast zu viel vom Teig "probiert".

S. 150

Eisenbahner Kekse

Früher hat die Mama immer "Gutsle"-Teller gerichtet mit sämtlichen Kekssorten, die sie zu Weihnachten gebacken hatte. Die wurden dann mit Nachbarn und Freunden getauscht. Es gab dabei eine Sorte von einer Nachbarin, die war bei uns mega beliebt. Im nachhinein wundere ich mich, warum Mama die nicht einfach selbst gebacken hat. Aber a) sie hatte nicht das Rezept/Namen, b) die sahen ganz schön kompliziert aus und c) wir hatten bei uns früher keine Spritztüte mit Sterntülle oder so. Erst vor 2 Jahren bin ich zufällig im Internet über ein Foto gestolpert und habe die Kekse aus der Kindheit sofort erkannt. Die heissen übrigens Eisenbahner Kekse, weil sie aussehen wie Eisenbahnschienen!

Kennst Du die auch?

Teig:

300G Mehl

125g PUDERZUCKER

1 TL. Vanille Extrakt

1 TL. Zitronenschale (gerieben)

1 Eigelb

200g Butterwürfel

Aus diesen Zutaten einen Teig kneten. Zu einer Kugel formen, flach drücken und in Frischhaltefolie eingewickelt im Kühlschrank 30 Min. kalt stellen.

Marzipanmasse:

200G Marzipanmasse (20 Min. in den Tiefkühler legen)

1 Eiweiß

25g GESCHMOLZENE BUTTER

25G Puderzucker

Das feste Marzipan mit dem Gemüsehobel grob raspeln. Eiweiß/Butter/Puderzucker dazugeben und mit der Küchenmaschine zu einer glatten Masse rühren. Die wird nun in einen Spritzbeutel mit Sterntülle gefüllt.

S. 152

Den Mürbeteig 3-4 mm dünn ausrollen und in 5 oder 10 cm breite Streifen schneiden. Die Streifenenden gerade abschneiden. Mit 1 cm Abstand voneinander bei 180 Grad C ca. 5-7 Min. hell ausbacken. Sobald die Streifen abgekühlt sind, jeweils 2 (oder 3 bei den 10 cm) Bahnen Marzipanmasse auf die Außenseiten (und Mitte bei den 10 cm) der vorgebackenen Mürbeteigstreifen aufspritzen, dabei ca. 2 mm Abstand zum Rand lassen. Die Kekse 8-10 Min. bei gleicher Temperatur goldgelb fertig backen.

Füllung:

200g **rotes Johannisbeergelee**
(oder Aprikose bzw. schwarze Johannisbeere)

Das Gelee in einem kleinen Topf kurz aufkochen. Die noch warmen Eisenbahner Kekse zwischen den Bahnen mit Hilfe eines Teelöffels mit heißem Gelee füllen. Abkühlen lassen. Für die weiße Glasur Puderzucker mit etwas Milch glatt rühren und über den Keksen verteilen. Mit dem Messer in 2 cm breite Streifen schneiden.

UGLY SWEATER PARTY

MIT EGGNOG (EIERPUNSCH)

Ich fand die Idee so toll, zu einer "Ugly Sweater Party" einzuladen. Jeder musste seinen hässlichsten Weihnachtspulli anziehen. Es war sensationell. Bernadette hatte ihren noch schnell im Internet bestellt, Ina & Daniel haben "normale" Strickpullis mit Schleifen und anderem Zeugs "gepimpt". Ralph hatte doch tatsächlich einen Pulli an, den er mit 15 Jahren schon bereits getragen hatte.

Dazu einen Eierpunch gereicht und angerichtet auf dem alten Servierwagen meiner Mama. Das war supertoll und alle lieben Eierpunch.

6 frische Eier
250g Puderzucker
1/4 TL Muskatnuss
500ml Milch
1/2 TL. Vanille Extrakt
500ml süße Sahne
180ml Weinbrand
80ml Rum

Einfach die vorgekühlten Zutaten mit dem Pürierstab zusammenmixen. Sofort abtrinken! Yummy.

leave no
SHOES
behind

Eggnog Cheesecake

(Eierpunsch Käsekuchen)

Es war ja dann schon auch sehr naheliegend (für mich jedenfalls), dass wenn ich diesen Eggnog so sehr mag, ich mich auf die Suche nach weiteren Backverwendungsmöglichkeiten machen würde. An Silvester war es dann soweit: Es gab den ersten Eierpunsch Käsekuchen serviert, natürlich mit frischem Eggnog im Glas! Was für ein toller Start ins neue Jahr, hehe!

Zutaten für die Füllung:

800g **Frischkäse**
150g Zucker
2 EL **dunkler Rum**
1 EL. Brandy
1 TL VANILLE **Extrakt**
1/2 Tl. MUSKAT **gemahlen**
3 **Eier**

s. 156

hmm... lecker eggnog ... im Kuchen

Für den Boden:

12 BUTTERKEKSE

2 El. Zucker

55G Butter

1,5 Tl. Zimt

Am besten geht der Boden in einer Küchenmaschine mit „Pulse"-Taste. Ansonsten alles zusammenmischen und zu einem krümeligen Teig verarbeiten. In einer 22 cm Springform in den Boden pressen + ab damit in den Kühlschrank.

Mixe dann für die Füllung den Frischkäse und den Zucker mit dem Schneebesen. Danach auch alle anderen Zutaten dazugeben, bis es ein geschmeidiger Teig ist. In die Springform füllen und bei 180 Grad C 55 Minuten backen. Das Innere darf noch „wobbly" sein, aber nicht flüssig.

DANRÖSCHEN
SO. WORTH. LOVING

SPECIAL INVITATION POST AIR MAIL

Love

Es weihnachtet im Danroeschen!

Bewundern Sie die besten Dekoideen und kuscheln Sie sich in die romantische Mode von Cream. Auch die heiß geliebten Leckereien aus dem Backofen warten auf Sie.

Ihre

Daniela Höhn

an:

Meine Freundin Dani hat so einen Laden mit schönem Zeugs wie Geschirr, Stoffe und auch Möbel. Jedes Jahr vor Weihnachten macht Dani ein "Special Event", zu dem sie alle ihre Kunden einlädt.

certified
YUMMY
WITH LOVE ♥ WITH LOVE ♥ WITH LOVE ♥ WITH LOVE

DAMRÖSCHEN
SO WORTH LOVING

s. 159

Enjoy the moments that make you happy

Es gibt ein Kuchenbuffet gratis zum "Schnabulieren". Die Kuchen, die ich bei diesem Event mache, müssen neben einem tollen Geschmack Folgendes erfüllen:

- noch nicht zu weihnachtlich sein, da das Event im November stattfindet
- die Kuchen müssen für viele Personen gut teilbar und gut zu transportieren sein

Solltest Du also viele Gäste erwarten und die Christstollenzeit ist noch nicht da, dann nehme am besten eines der folgenden Rezepte.

S. 160

Noel

Mincemeat Shortbread Bars

Jetzt habe ich erst mal kurz gegoogelt, wie ich das Mincemeat korrekt übersetzen kann.
Das ist eine Mischung aus Früchten, Gewürzen & Alkohol.
Die Engländer kaufen das fertig im Glas. Wir Deutschen machen es einfach selber.
Falls Du die Schnitten vielleicht nicht so aufregend findest auf dem Foto ... unterschätze sie nicht. Die sind auf jeden Fall immer der Hit, wenn Du die wo anbietest.
Meine Lieblinge - und auch noch sehr einfach zu machen. I love it.

Zutaten für selbst gemachtes Mincemeat:

(Füllung für das Shortbread)

- 2 Äpfel geschält klein geschnitten
- 340ml APFELSAFT
- 85g getrocknete Äpfel
- 240g Rosinen
- 90G Korinthen
- 105g Cranberries getrocknet
- 120g ORANGEAT klein gehackt
- 60G Zitronat klein gehackt
- 105g brauner Zucker
- 120ml dunkler RUM
- 120ML Brandy
- 60g BUTTER
- 1,5 Tl. ZIMT
- 1/2 TL. Piment gemahlen
- 1/2 Tl. MUSKAT gemahlen
- 1/2 Tl Nelken gemahlen
- 1/4 Tl. SALZ

Alles mischen und über Nacht stehen lassen. Ich fülle die Mischung immer in ein großes Glas mit Schraubverschluss, denn im Kühlschrank hält sich das die ganze Wintersaison. Für das Rezept benötigst Du nur einen Teil der Mischung. Insgesamt etwa 400 g.

Zutaten:

Teig für das Shortbread:

260g Mehl
20g Stärkemehl
1/4 Tl. Salz
225G Butter
70g BRAUNER Zucker
1 Tl. VANILLE Extrakt

Alle Zutaten zu einem Teig mixen. In einer quadratischen 23 cm x 23 cm Form ca. 2/3 vom Teig (der ist ganz weich) mit dem Löffel reindrücken. Danach musst Du 400 g der Mincemeat Mischung darauf verteilen. Lass am Rand noch 1 cm Platz frei. Obendrauf kommt nun der restliche Teig. Ich verteile das immer fleckenweise, wie bei Streuseln. Das verläuft beim Backen zu einer geschlossenen Ebene. Im vorgeheizten Ofen bei 190 Grad C 30 Min. backen. Bei diesem Rezept ist es besser, aus dem fertigen Kuchen die Vierecke zu schneiden, solange er noch warm ist. Der Shortbread Teig enthält sehr viel Butter und bröselt sehr stark, wenn er kalt ist.

S. 163

BIRNE SCHOKO

Zutaten:

250G weiche Butter
3 EIER
1 TL. Mandelaroma
250g Zucker
200G Mehl
2 TL. Backpulver
50g VOLLKORNMEHL
100G gemahlene Mandeln
3 TL. Zimt
1 gute Prise MUSKAT

Jeder kennt und liebt Schokolade. Birnen sind aber oft schon so 'ne Sache. Mein Mann mag die gar nicht. In Kombination als Kuchen mit Nüssen und Schokohaube überzeugen sie aber alle. Das ist also mein Rezept für alle, die normal keine Birnen essen.

Die Butter mit den Eiern und dem Mandelaroma zusammenmischen. Danach alle anderen Zutaten (außer 2 EL. Dekonüsse) dazugeben und vermengen.

S. 164

vorgeheizter Ofen 180 Grad C bei 20 cm quadr. Backform 60 Min.

№214582

2 gehäufte El Nüsse zurückbehalten für später

75G gehackte Haselnüsse
75g GEHACKTE Mandeln
50g gehackte MACADAMIAS
100g Zartbitterschokolade gehackt oder Chips
2 BIRNEN geschält + geschnitten

Icing:

100G Vollmilchschokolade
100g ZARTBITTER SCHOKOLADE
300g SAURE Sahne

Zum Schluss Birnenstücke unterheben. Ich muss den Kuchen nach der halben Backzeit immer mit Alufolie abdecken, der wird sonst zu braun. Für das Icing wird die Schoki in einem Topf mit der sauren Sahne langsam erwärmt. Wenn sie geschmolzen ist, muss die Mixtur über Nacht in den Kühlschrank zum fest werden. Am nächsten Tag das Icing auf den Kuchen verteilen und die Dekonüsse darüber sprenkeln.

s. 165

BLAUBEER Schnitten

Noch mal ein Rezept für das Backblech.

Das fruchtige Geheimnis (oder "warum sind die so saftig"?) ist: Es kommen nicht nur Blaubeeren als Frucht obendrauf, sondern auch noch eine dicke Lage Marmelade direkt auf den Boden. Mit feinem Puderzucker bestäubt und in mundgerechte Quadrate geschnitten nimmt jeder garantiert mehr als nur ein Stück, wenn Du die zum Kaffee servierst.

please, please LET IT SNOW

Boden:

- 175g Mehl
- 1 Prise Salz
- 50G Puderzucker
- 100g Butter
- ger. Schale 1 ZITRONE
- 1,5 TL Zitronensaft
- 1 Eigelb

Topping:

- 150g Blaubeermarmelade
- 125G Butter
- 125g ZUCKER
- Schale 1 Zitrone gerieben
- 2 Eier
- 25g Mehl
- 175g Mandeln gemahlen

mischen

- 200G Blaubeeren
- 35g Mandeln gehobelt

Aus den Zutaten für den Boden einen Mürbeteig machen. Das geht superschnell in der Maschine mit der „Pulse"-Taste. Den Teig kühlen und auf einem Blech ausrollen (ca. 21 cm x 30 cm). Mit einer Gabel mehrmals einstechen. Im Kühlschrank 20 Min. kalt stellen. Ofen auf 180 Grad C vorheizen und Mürbeteig 15 Min. vorbacken. Die Marmelade darauf verteilen. Danach das gemischte Topping und zum Schluss die Blaubeeren drauf. Du kannst die Blaubeeren auch ein bisschen reindrücken in den Teig. Mandeln darauf verteilen und 45 Min. backen. Auch hier wieder: erst nach dem Abkühlen in Vierecke schneiden.

Welcome
Let it Snow
Merry Christmas
God jul
Santa Please stop here
Merry Christmas

hmmm …

Karamellisierte Walnuss-schnitten

Klingt schon mal richtig gut oder?

Boden:

225G **Butter**
275g MEHL
110g Puderzucker

Obendrauf:

200G Butter
175g **Honig**
3 El. SAHNE
60G brauner Zucker
400g **Walnüsse** gehackt

Für den Boden alle Zutaten zu einem Teig kneten + auf einem Backblech ausrollen. 25 Min. bei 150 Grad C im vorgeheizten Ofen backen. Für das Topping alle Zutaten in einem Topf schmelzen, auf den vorgebackenen Boden geben + weitere 20 Min. backen. Nach dem Erkalten schneiden.

always add
JAM

Die Linzer Torte

Linzer Torte gab es früher schon immer bei uns zu Weihnachten. Mama hat die ganz früh gebacken, meistens auch gleich mehrere, weil die sich sehr lange frisch hält. Schon damals fanden Freunde und Verwandte, dass das die beste Linzer Torte sei. Ich habe das Rezept soweit verändert, dass ich nur selbst gemachte Marmelade verwende (musst Du natürlich nicht) und anstelle des Gitters aus Teig obendrauf, steche ich gerne irgendwelche Sterne, Tiere oder Bäume aus. Sonst habe ich das Rezept von Mama völlig gleich gelassen.

Zutaten:

250g Butter
250g Zucker
300g Mehl
250g Mandeln gemahlen
3 TL. Zimt
1 Messerspitze Nelken
Schale 1 Zitrone
1 Ei

obendrauf:

1 Ei + etwas Milch verquirlen, damit den Kuchen vor dem Backen bestreichen.

Füllung:

500g Schwarze Johannisbeere Marmelade
1 Gläschen Kirschwasser

wishing you a
MERRY
XMAS

So wird's gemacht:

Alle Zutaten zu einem Teig verarbeiten. Die Hälfte davon in eine Springform legen und zu einem Boden glatt drücken. Aus dem Anteil auch einen etwa 2,5 cm hohen Rand formen (ich mache gerne 4 kleine Torten aus diesem Rezept, das ist zum Verschenken praktisch). Die Füllung auf dem Boden verteilen. Aus dem restlichen Teig entweder Streifen ausrädeln oder Formen stechen. Danach mit der Ei-Milch-Mischung bepinseln. Im vorgeheizten Backofen bei 180 Grad C 60 Min. backen. Wenn Du 4 kleine Torten machst, die Backzeit auf ca. 35 Min. reduzieren.

I want to live in a GINGERBREAD HOUSE

LEBKUCHEN

die leckeren aus Nürnberg in Größe XXL oder viele kleine in S

In einem Winter haben wir auf Designer Weihnachtsmärkten Riesenlebkuchen verkauft. Wir haben die XXL-Lebkuchen auch in einem Pizzakarton verpackt, den wir weihnachtlich bedruckt hatten. Das Rezept ergibt einen super dicken und saftigen Lebkuchen in einer 26 cm Springform gebacken oder ca. 15 normal große runde Lebkuchen.

S. 176

No.

Date

Zutaten:

80g gem. Mandeln
80g GEM. Haselnüsse

in der Pfanne ohne Fett rösten

80g ORANGEAT
80g Zitronat

in der Küchenmaschine ganz fein gehackt, bröselig

100G Marzipan klein gewürfelt

80G Aprikosenmarmelade

3 EIER

180G brauner Zucker

180G Mehl

1/2 Tl. BACKPULVER

1/4 TL. Salz

1 Tl. Zimt

1/2 TL. Ingwer

1/2 Tl. MUSKAT

1/4 TL. Nelken

zum Verzieren:

150g ZARTBITTER Kuvertüre

ganze Mandeln

Ich mache den Teig immer in einer Küchenmaschine mit „Pulse"-Taste. Zuerst Nüsse & Orangeat/Zitronat mixen. Danach Marzipan dazugeben, alles vermischen.

Ich mag die überraschten Gesichter, wenn ich mit dem XXL-Lebkuchen ankomme und ihn in Kuchenstücke aufschneide. Egal welche Größe, er schmeckt sensationell.

Dasselbe mit der Marmelade, den Eiern & dem Zucker machen. Zum Schluss das Mehl, Backpulver, Salz und Gewürze unterrühren. Der Teig sollte danach 1 Nacht in der Schüssel im Kühlschrank ruhen. Du kannst ihn dort bis zu 3 Tagen aufbewahren.

Backen:

Ofen auf 170 Grad C vorheizen

XXL-Lebkuchen: 30 Min.

S-Lebkuchen: 15-20 Min.

Für die kleinen Lebkuchen: Nimm einen Eisportionierer und mache ca. 15 Häufchen, mit genügend Abstand dazwischen. Die gehen auseinander. Nach dem Erkalten dick mit Schokolade überziehen.

s. 178

irish cream sahnelikör

as good, if not better, than the brand name liquor!

Das ist mein Tipp als Mitbringsel, wenn Du Freunde in der Weihnachtszeit triffst. Alle werden begeistert sein. Und dazu auch noch selbst gemacht!

Zutaten:

- 4 ganz FRISCHE Eier
- 1 Tl. BITTERMANDELAROMA
- 250ml süße SAHNE
- 1,5 Tl. VANILLE EXTRAKT
- 1 DOSE gesüßte Kondensmilch
- 250ML Whiskey
- 2 Tl. Karamellsirup
- 2 TL. Instant Kaffee Granulat

Ich nehme den Sirup, der eigentlich für Eiscreme ist. Du kannst auch Schoko Sirup nehmen.

Hmm, Ja, es ist tatsächlich ein Rezept mal ohne Zucker. Super! Aber ich glaube das Ergebnis hat es dennoch in sich ...

Slurrp!

Ich mixe alle Zutaten in einer Schüssel mit dem Pürierstab zusammen. Wenn ich einmal größere Mengen (Kollegen, lange Party) benötige, muss auch schon mal die „Kitchen Aid" ran.

Zeit zum Zubereiten: 10 Minuten oder so. Geht ganz schnell.

Zum Verschenken habe ich den Likör in kleine Flaschen abgefüllt.

let's
eat some
COOKIES

cookie crafting

Sicherlich kann ich Dir jetzt hier ein paar der typischen Weihnachtskekse vorstellen. Aber jeder kennt die + ich wollte Dir gerne etwas anderes zeigen.

S. 182

to Peanut Butter Cookies

(for peanut butter lovers)

Die Schwierigkeit bei diesem Rezept besteht darin, nicht den ganzen Teig bereits ungebacken wegzuessen.

Zutaten:

- 100 g Butter } beide weich
- 140 g Erdnussbutter }
- 1 TL. Vanille Extrakt
- 220 g brauner Zucker
- 1 Ei
- 185 g Mehl
- 1/4 Tl. Natron
- ganze Mandeln zum Verzieren

Butter, Erdnussbutter, Vanille & Zucker gut verrühren. Danach das Ei, Mehl und das Natron zugeben. Den Teig 5 mm dick ausrollen + für 30 Min. in den Kühlschrank legen. Ofen auf 180 Grad C vorheizen. Cookies ausstechen, Mandeln reindrücken + für 12-14 Min. backen.

Zitronen Mandel Kekse

Die schmecken nicht nur gut, sondern ich nehme die auch gerne, um sie an den Baum zu dekorieren. Einziges Problem hier: Schlaue Gäste naschen die eventuell und der Baum ist leer.

Zutaten:

90G Butter
220g ZUCKER
120g Mandeln gemahlen
150G Mehl
Schale 1 ZITRONE
1/2 Tl. BACKPULVER
60ML Zitronensaft
Puderzucker zum bestäuben

Alles mixen, Teig in 5 mm Dicke ausrollen + 30 Min. kühl stellen. Dann ausstechen. Im vorgeheizten Ofen bei 160 Grad C 10-12 Min. backen. Danach mit Puderzucker bestäuben.

With love
METROPOLITAIN
Chaleur
have yourself a merry little Christmas
Merry X-Mas
Rudolph's Noses
Santa's cookies
HOLLY DAYS

Orangen-Kekse

Das sind meine "allround" Cookies für jeden Tag.

Die schmecken immer, Sommer wie Winter und der Teig ist super zu verarbeiten und nichts verläuft. Hier wollte ich mit Holzstäbchen lustige Muster reinpieksen: Es hat geklappt!

Zutaten:

- 200g Butter
- 200g Zucker
- 1 Ei
- 400g Mehl
- Schale 1 Orange gerieben (oder Zitronenschale, oder 1 TL. Vanille Extrakt)

Alle Zutaten mixen. Teig 5 mm dick ausrollen + für 30 Min. in den Kühlschrank. Danach ausstechen. Bei 180 Grad C im vorgeheizten Ofen 10 Min. backen.

S. 186

Bratapfel Füllung

Ich weiß ja nicht, wie das bei Dir ist, aber an Weihnachten brauche ich immer 1.000 kleine Geschenke für Nachbarn, Kollegen etc. Deshalb hatte ich die Idee, ein Rezept für eine Bratapfelfüllung zu entwickeln, die man in kleine Gläser füllen (viele Geschenke) und auch noch schön verpacken kann. Ich koche sie wie Marmelade mit Gelierzucker, das hält dann auch Monate. Ist aber in der Regel ganz schnell weg. Schmeckt übrigens auch lecker aufs Brot.

Zutaten:

100g KORINTHEN

100g Rosinen in Rum am Vortag eingelegt

200ml Saft Apfel oder Kirsche

100G Marzipan klein geschnitten

500g GEMISCHTES getrocknetes Obst BSP: Aprikosen, Zwetschgen, Cranberries

200g MANDELSTIFTE in der Pfanne geröstet

300g Äpfel (geschält & klein geschnitten)

750G 2:1 Gelierzucker

Alles zusammen in einem großen Topf sprudelnd aufkochen lassen (nach Angabe vom Gelierzucker). Danach sofort in Gläser mit Schraubverschluss abfüllen.

Etikett drauf. Fertig!

CHRISTMAS
afternoon tea

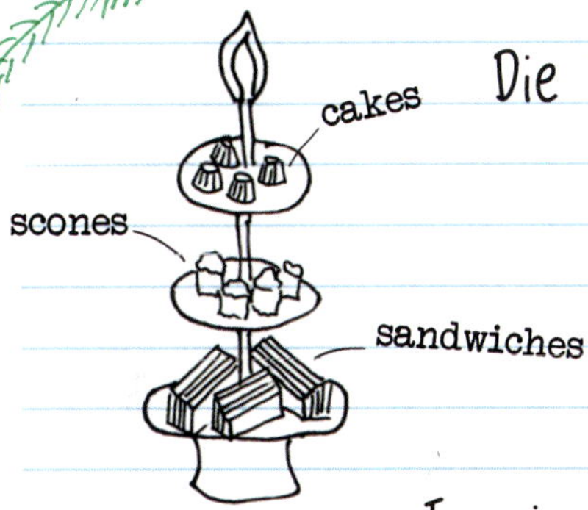

Die Idee zum PopUp Tearoom hatte ich vor etwa 1 Jahr.

In einem englischen Heft war ein Artikel darüber, dass es in England überall verstreut im ganzen Land Leute gibt, die zu einem bestimmten Termin und Uhrzeit ihr Wohnzimmer ausräumen, um daraus einen Tearoom zu machen. Fand ich super, habe auch gleich meinen Mann überzeugt und im Sommer damit gestartet.

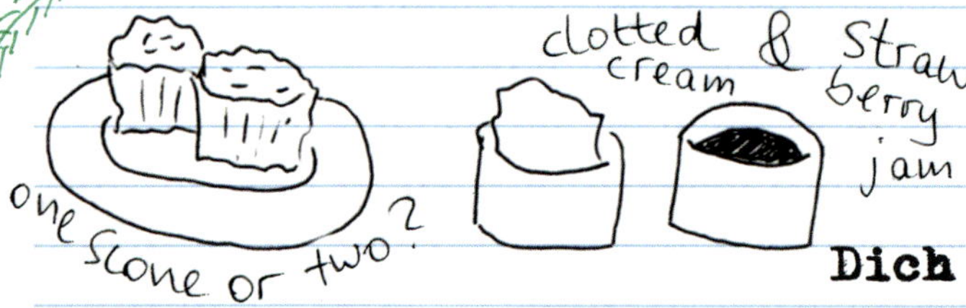

Zur Erklärung:

Anmelden kannst Du Dich per E-Mail bei mir.

Erwarten kannst Du einen echten englischen Afternoon Tea! in einer super gemütlichen Atmosphäre, wunderschön dekoriert alles! Vor Weihnachten habe ich alle Sonntage für einen special XMas PopUp Tearoom angeboten.

Da die Nachfrage so krass war, habe ich dann doch auch noch Samstagstermine hinzugefügt.

Wow, das war Hammer viel Arbeit, aber auch sehr toll, so viele nette Leute kennenzulernen. Mein Mann war für die Getränke und Sandwiches zuständig. Ich freue mich schon auf die nächsten Termine.

S. 191

Pumpkin Spice Cake

(Kürbis Gewürz Kuchen)

Bitte keine Vorurteile hier haben. Beim Karottenkuchen schmeckst Du die Karotten auch nicht.

Der Kürbiskuchen ist sehr, sehr lecker. Da das Kürbispüree in Deutschland nicht, oder nur selten, zu kaufen ist, kannst Du es auch selber machen:

Hokkaido Kürbis in Spalten schneiden + im Ofen bei 150 Grad C etwa 15 Min. weich backen. Danach mit der Gabel zu Brei zerdrücken.

So sieht der Kuchen mit weihnachtlicher Deko aus.

homemade temptations

TREAT YOURSELF

Zutaten:

115g BUTTER

260g brauner Zucker

200G Zucker

2 Eier

240ml PUMPKIN Püree

1 TL. Vanille Extrakt

260g MEHL

1,5 Tl. Backpulver

1/2 TL. Salz

2 Tl. ZIMT

1/2 Tl. Ingwer

1/4 Tl. Nelken

beides gemahlen

120 ML. Buttermilch

Vermische mit dem Handmixer die Butter + Zucker. Danach die Eier einzeln dazugeben. Nacheinander die restlichen Zutaten unter Rühren in den Teig geben. Entweder in einer Kastenform oder in zwei 20 cm Springformen im vorgeheizten Backofen bei 180 Grad C backen (Kastenform 50 Min., Springform 30 Min.).

Alles für das Icing zusammenrühren und nach dem Abkühlen den Kuchen bestreichen. Die beiden runden Kuchen aufeinandersetzen.

Icing:

230G Frischkäse

60g BUTTER

2 El. Ahornsirup

250g Puderzucker

Apfel-Zimt Scones

Scones sind englische Teeküchlein, die mit Clotted Cream und Marmelade gegessen werden. Im Sommer mache ich zum PopUp Tearoom immer die klassischen Scones. Jetzt im Winter wollte ich gerne mal was anderes anbieten, und habe diese Variante mit Apfel und Zimt gebacken. Die kamen sehr gut an, werden auch etwas anders gemacht. Sie werden nicht ausgerollt und auch nicht ausgestochen. Ich würde sagen mehr als 10 Min. brauchst Du für dieses Rezept nicht, es geht also super schnell. Den Apfel habe ich in kleine Stücke geschnitten. Du kannst ihn aber auch raspeln. Schälen brauchst Du ihn nicht.

MERRY CHRIS

Zutaten:

380g Mehl
65g Zucker
3/4 Tl. Salz
1 TL. Backpulver
3 Tl. Zimt
110g Butter
1 kleiner Apfel
2 Eier
1 Tl. Vanille Extrakt
110g Apfelmus

Topping:

3 EL Zucker

1 TL Zimt

Mische alle Zutaten zusammen. Ich mache das bei den Scones von Hand und nicht mit der Küchenmaschine. Teile den Teig in 2 Hälften. Presse jede Hälfte rund auf ein Blech. Die Höhe des Teigs sollte ca. 2 cm sein. Streue dann das Topping obendrauf. Am besten nun noch 30 Min. kühl stellen, damit der Teig auch in Form bleibt. Im vorgeheizten Ofen bei 200 Grad C ca. 25 Min. backen. Nach dem Backen jede Teigplatte in 6 Stücke wie einen Kuchen aufschneiden. Die Scones schmecken warm am besten.

s. 196

Im Winter biete ich zu den Scones neben der Clotted Cream gerne selbst gemachte Brandy Butter an. Die schmeckt auch sehr gut auf Toastbrot oder zum Hefezopf.

Brandy Butter:

100ml Brandy (Weinbrand)
60g **Puderzucker**
250G weiche Butter

Alle Zutaten am besten mit einem Pürierstab zusammenmischen. Dann in ein Glas füllen und ab in den Kühlschrank.

brownie cheese cake

Was gibt's Besseres als saftige Brownies?
Und was gibt's Besseres als einen leckeren Käsekuchen?
Deshalb darf ich vorstellen, beides vereint:
Den Brownie Käsekuchen!

Butter und Schokolade in einem Topf schmelzen. Vom Herd nehmen und Zucker einrühren. Die Eier und die Milch unterrühren.

Zutaten Brownie:

- 120g BUTTER
- 120g Zartbitter Schokolade
- 200G Zucker
- 2 Eier
- 60ml MILCH
- 100g Mehl

Mehl darüber sieben + unterheben. In eine 23 cm Springform füllen und glatt streichen. Im vorgeheizten Backofen bei 180 Grad C ca. 25 Min. backen. Hitze auf 160 Grad C reduzieren.

Zutaten Käsekuchen:

- 500G Frischkäse
- 150g ZUCKER
- 3 Eier
- 1 Tl. Vanille Extrakt
- 125G Naturjoghurt

Für den Käsekuchenteig den Frischkäse mit Zucker und Eiern mischen. Vanille Extrakt und Joghurt dazugeben. Dann die Creme auf den Brownie Boden verteilen. Weitere 50 Min. backen, bis die Käsemasse fest ist. Vor dem Schneiden am besten über Nacht auskühlen lassen.

Christstollen

Christstollen ca. 3/4 Stück
250 g geschälte gestiftete Ma
500 g Rosinen
125 g Korinthen
100 g Zitronat
100 g Orangeat
1 Zitrone, abgeriebene Schale
2 Gläschen Rum (evtl. mehr)
1 kp Meh

Noch bis vor kurzer Zeit mochte ich überhaupt gar keinen Christstollen. Die waren alle aber auch immer schrecklich trocken und langweilig. Bis ich einmal den von meiner Schwiegermutter probiert habe, hmmm. Das war natürlich eine andere Hausnummer. Seitdem bin ich unter die Stollenbäcker gegangen und es gibt kein Weihnachten mehr ohne. Aus ihrem Originalrezept kannst Du 3-4 Stollen backen oder etwa 3 Bleche mit kleinem "Stollenkonfekt" (so nenne ich das). Ich mache das in Backblechen mit ganz kleinen quadratischen Formen.

S. 200

Zutaten:

250g **GESTIFTELTE MANDELN** vorher angeröstet

500g Rosinen

125g **Korinthen** die kleinen schwarzen

100G Zitronat

100g **Orangeat**

1 **ZITRONE** Saft + ger. Schale

4 **Schnapsgläser RUM**

mischen & über Nacht ziehen lassen

175g **ZUCKER**

120g **Hefe**

250ML lauwarme Milch

750g **Butter** (weich)

1KG **Mehl**

PUDERZUCKER

(ich nehme auch gerne ein Zimt-Zucker-Gemisch zum Bestreuen)

Zucker, Hefe und Milch zu einem Vorteig vermengen und 15 Min. gehen lassen. 600g Butter und Mehl untermischen. Angesetzte Fruchtmischung gleichmäßig darunter kneten. 30 Min. gehen lassen. Jetzt entweder die Bleche für das Stollenkonfekt fetten und Teig einfüllen oder 3-4 Stollen formen. Für die Stollen aus gefalteter Alufolie ca. 5 cm breite Manschetten rund um den Teig legen und mit Zahnstochern fixieren. Noch mal 15 Min gehen lassen. Bei vorgeheizten 175 Grad C 50 Min. (ganze Stollen, mit Manschetten) oder 30 Min. (Konfekt) backen. Danach sofort mit übriger Butter bestreichen und mit Puderzucker bestäuben.

Ganz oft werde ich gefragt, was ich denn mit all dem Kuchen mache. Natürlich wird der sofort (also nachdem 2 Stücke davon gegessen sind!) an Freunde und Nachbarn verteilt. So zum Beispiel auch an Marcus vom Haus nebenan. Irgendwann habe ich herausgefunden, dass er mal Elektriker gelernt hat. Seitdem gab es immer mal wieder eine Softeismaschine oder ein Waffeleisen aus den USA, bei dem er super helfen konnte. Die Geschichte mit der Riesenlampe, die ich in Venlo gekauft habe, hat ihn dann aber doch so beeindruckt, dass er eine ganze Geschichte dazu aufgeschrieben hat. Die ist zu lang für hier, aber seitdem geht das erste Stück Kuchen immer zu ihm rüber.

Das Ungetüm

nacherzählt von eurem Nachbar Marcus.

Sarah und ich kamen aus unserem Wales Urlaub zurück und waren ganz neugierig auf den Baufortschritt unseres Hauses.

Kurze Zeit nach Ankunft erreichte mich ein Hilferuf von Achim "wir bräuchten mal Hilfe von einen Elektriker wegen einer Lampe". Nichts Böses ahnend sind wir kurzerhand rüber um mal nach dem Lämpchen zu sehen.

Freudestrahlend stand Andrea in der Türe und mein Blick ging zum Boden, wo die Lampe (im folgenden das Monster oder Ungetüm genannt) stand. Bei dem Monster handelte es sich um einen 12flammigen Kronleuchter. Er war aus einem speziellen Kunstoff um den Eindruck von Hirschgeweih zu vermitteln. Insgesamt wog das Ungetüm sicher über 40 kg. Eine kurze einarmige Halteprobe bestätigte mein ungutes Gefühl, dieses Monster niemals ohne Schwerlasthaken in einer Rigips Decke befestigen zu können.

Choco-Beads
good things
come to those
WHO BAKE

INDEX

A

Apfelküchlein 40
Appeltaart, holländische 65
Apple Pie, american 128

B

Bananenbrot 126
Bananenpudding 133
Banoffee Pie 100
Birne Schokokuchen 163
Blaubeerschnitten 165
Brandy Butter 196
Bratapfelfüllung 186
Brownie Cheesecake 197

C

"Caramel"-Schnitten 138
Carrot Cake 82
Challah Bread 23
Cherry Pie 118
Chocolate Pie 121
Chocolate Crackle Cookies 92
Christstollen 199
Cinnamon Rolls 86

E

Eggnog Cheesecake 155
Eierlikör 34
Eierlikörkuchen 31
Eierpunsch 153
Eisenbahner Kekse 150
Eis in Waffel 49

F

French Toast 26

G

Galette mit Obst 46
Granola 104

H

Haferflocken Ecken 12

K

Kaffee & Walnusskuchen 17
Käsekuchen mit Mohn 19
Käsekuchen mit Schokolade 76
Käsekuchen von Mama 69
Kekse als Teebeutel 43
Kekse, Orangen- 185
Kekse mit Mini Eggs oder M&Ms 27

L

Lebkuchen 175
Linzer Torte 171

M

Macarons 54
Magic Bars 63
Marmorkuchen 59
Muffins mit "Meringue" 53

N

New York Cheesecake 38

P

Peanut Butter Cookies 182
Peanut Butter Pie 98
Pumpkin Pie 116
Pumpkin Spice Cake 191

R

Rhabarbercrumble 36
Rocky Road Schnitten 137

S

Sahnelikör, Irish Cream 178
Schoko Cookies 146
Schokokuchen 108
Scones 74
Scones, Apfel/Zimt 194
Shortbread, Mincemeat 160
S'mores 111

V

Victorian Life Cakes 10
Victoria Sponge 78

W

Waffeln, belgische 143
Walnuss Karamell Schnecken 90
Walnussschnitten, karamelisierte 169

Z

Zitronenkuchen 15
Zitronen Mandel Kekse 183

lieber Buchverlag

wie gefällt euch denn mein beigelegtes Booklet?
(bitte ankreuzen)

- ☐ will ich Alles sofort Nachbacken
- ☐ ich liebe es
- ☐ das ist ja so Toll, das müssen wir auf deutsch als Buch drucken
- ☐ weiß nicht so Recht

Für mehr infos könnt ihr mich gerne kontaktieren unter www.CUTECOTTAGEOVERLOAD.com

if you use raisin, mix them with the apples, lemon juice, remaining sugar, spices. Sprinkle the corn starch over + mix well.

grease the pie tin and use 3/4 of the dough to cover the bottom + the sides of the dish. add the apple mixture to the pie dish. Use rest of dough for the top. (you can make lattice topping with using 5 strips). Bake it for app. 1 hour! allow to cool. Serve with cream!

↑ **So sah eine Seite aus dem originalen „Zine" aus**

Wie kam denn nun eigentlich "Backen mit Love" zustande? Hmmm, ich wurde bei verschiedenen Events immer nach Rezepten gefragt. So habe ich einfach mal von den 10 beliebtesten Kuchen ein "Zine" drucken lassen. Superkleine Auflage, alles handgeschrieben und in Englisch. Das Heftchen habe ich dann in meinem Onlineshop verkauft (das gibt es immer noch!).

Da ich schon immer ein "richtiges" Buch machen wollte, habe ich das "Zine" an 10 Verlage geschickt, mit einem Bewerbungsschreiben zum Ankreuzen. Der Mann hat mir erst letzte Woche nochmal erzählt, wie bekloppt er es fand, dass ich geglaubt habe, ein Verlag würde sich auf so ein Zine mit so einem Anschreiben melden. Aber weisste was?

Ein Verlag hat sich dann doch gemeldet. Die Constanze und der Stefan fanden meine Idee gut. Nur leserlicher sollte das Buch natürlich sein.

Die „herrenlose" Rote Katze von Seite 88 ist übrigens bis heute im Rosa Haus geblieben.

Das habe ich dann gemacht und jetzt gibt es das Buch fast 10 Jahre danach als "Special-Relaunch" mit vielen neuen Fotos, einigen neuen Rezepten, und überarbeiteten Texten. Überall bin ich drüber gegangen und habe die Seiten etwas aufgefrischt und neu gemacht. Für Dich. Denn ich will immer noch, dass dies Dein Lieblingsbackbuch wird (oder bleibt!).

Achim und ich arbeiten 2012 an der 1. Auflage von „Backen Mit Love"

ZUR AUTORIN

Andrea Stolzenberger lebt mit ihrem Mann in einem rosa Haus. Dort kombiniert sie Backideen mit Handarbeitsprojekten und nennt dies „Crafty Baking". Bei Andrea ist es nie langweilig, ständig dekoriert sie ihr Zuhause neu. Sie liebt Tee mit Milch, sucht ständig antike Küchensachen, mag bunte Haare und Tattoos. Auf Ihrem Blog www.cutecottageoverload.de zeigt sie einen Mix aus Dingen, die sie im Leben glücklich machen.

Weitere Bücher der Autorin:

→ Rosa Haus – School of baking

IMPRESSUM

Hinter jedem tollen Buch steckt ein starkes Team

Projektleitung: *Tom Mathony*
Texte und Rezepte: *Andrea Stolzenberger*
Korrektorat: *Tom Mathony*
Covergestaltung: *Achim Fettig mit Andrea Stolzenberger*
Grafische Gestaltung: *Achim Fettig mit Andrea Stolzenberger*
Satz: *Achim Fettig*
Fotografie: *Achim Fettig*
Foodstyling: *Andrea Stolzenberger*
Herstellung: *Frank Jansen*
Producing: *Jan Russok*
Druck & Bindung: *optimal media GmbH, Röbel*

1. Auflage 2022
© 2022 Edel Verlagsgruppe GmbH
Kaiserstraße 14 b
D-80801 München
ISBN: 978-3-96584-266-3

LIEBE LESER*INNEN

wie schön, dass Sie ein Buch von ZS in den Händen halten. „jetzt leben!“ ist das Motto unseres Verlages. Es steht für Genuss und Inspiration, Unterstützung und Motivation. Ob Kulinarik oder Fitness, Gesundheit oder Lebenshilfe – seit über 30 Jahren bieten wir kompetente Ratgeber für (fast) alle Lebenslagen. Wir lieben Tradition genauso wie Innovation – sie treiben uns an. Unsere Autor*innen sind Menschen, die zu ihrem Thema wirklich etwas zu sagen und zu schreiben haben. Unsere Produkte sind erzählerisch, appetitmachend und als gedruckte Bücher haptisch echte Erlebnisse. Für Sie mit ganz viel Liebe gemacht! Entdecken Sie mehr aus unserer wunderbaren Welt!

UNSER VERLAGSHAUS

Mit Standorten in München, Hamburg und Berlin zählt die Edel Verlagsgruppe zu den größten unabhängigen Buchanbietern Deutschlands. Zur Edel Verlagsgruppe gehört unter anderem ZS mit seinen Lizenzmarken Dr. Oetker Verlag, Kochen & Genießen und Phaidon by ZS.

ZS – Ein Verlag der Edel Verlagsgruppe
www.zsverlag.de
www.facebook.com/zsverlag
www.instagram.com/zsverlag

FÜR DIE UMWELT

ZS unterstützt bei der Produktion dieses Buches das Projekt „Junge Riesen für die nächsten 100 Jahre“ im Naturpark Nossentiner/Schwinzer Heide. Damit wird ein Anteil der unvermeidbaren CO_2-Emissionen im direkten Umfeld des Produktionsstandortes kompensiert.

PARTNER Naturpark Nossentiner/Schwinzer Heide
www.optimal-media.com/naturschutzprojekt-001

NEWSLETTER

Was koche ich denn heute Feines? Und wie geht das nochmal – schmackhaft und gleichzeitig gesund?

Mit dem ZS Newsletter keine kulinarischen und gesundheitlichen Trends mehr verpassen und immer auf dem neuesten Stand bleiben. Wir informieren regelmäßig über unsere Neuerscheinungen, Aktionen oder Gewinnspiele und verraten unsere Lieblingsrezepte!

ANMELDEN!

Jetzt anmelden unter:
www.zsverlag.de/newsletter

GEWINNEN

Unter allen Neuabonnierenden verlosen wir jeden Monat eine *Gesundheits-* oder *Koch-Box* von ZS.

andreas
rezepte
kekse
200g butter
200g zucker
1 ei
400g mehl